레퀴엠

레퀴엠

진중권 지음

휴머니스트

서문

전쟁 레퀴엠

 누가 말했더라? 전쟁을 논할 때는 '종교적'으로 되어야 한다고. 왜 그럴까? 이유가 있을 게다. 그 누구도 전쟁이 좋다고 말하지 않으나, 전쟁은 기어코 일어나고야 만다. 전쟁은 분명히 인간이 일으키는 것이나, 이상하게도 마치 어떤 자연의 필연성을 갖고 있어 인간의 힘으로 막을 수 없는 재해처럼 다가온다. 그리고 그렇게 닥친 전쟁은 수많은 인간의 목숨을 앗아간다. 인간은 인간을 죽일 수 있을 뿐, 되살릴 능력은 불행히도 그의 것이 아니다. 전쟁에서 죽어간 인간의 영혼을 받는 것 역시 그의 일이 아니다. 그 압도적인 무력감 앞에서 인간은 당연히 종교적이 될 수밖에……

 전쟁에 관한 글을 써달라는 제안을 받고, 적합한 스타일을 고민하다 결국 종교음악의 형식을 빌렸다. 모델이 된 것은 벤자민 브리튼(Benjamin Britten)의 〈전쟁 레퀴엠〉. 이 책의 앞과 뒤를 제외한 가운데 여섯 개의 장은 브리튼이 쓴 곡의 목차를 그대로 따랐다. 원곡에서 브리튼은 라틴어로 된 전통적인 레퀴엠의 가사와 함께 윌프레드 오언(Wilfred Owen)의 반전시(反戰詩)를 텍스트로 사용하고 있다. 나 역시 전통적인 레퀴엠의 가사에 그동안 여러 매체에 기고했던 반전의 글들을 결합해, 책 전체를 또 하나의 전쟁 레퀴엠으로 만들려 했다. 주제의 무거움을 제대로 감당할 수 있는 것은 역시 종교예술의 형식밖에 없는 듯하다.

전쟁에도 미학이 있을까? '전쟁의 미학'이라 하면 두 가지 것을 의미할 수 있다. 하나는 전쟁을 그야말로 예술작품으로 간주하는 파시스트 미학이고, 다른 하나는 전쟁이라는 현상을 미학의 관점에서 분석하는 태도다. 이 책을 '전쟁의 미학'이라 할 때, 나의 것은 후자에 속한다. 이번 전쟁을 바라보는 나의 관점이 드러난 곳은 '충격과 공포'라는 제목이 붙은 '디에스 이레' 부분이다. 우연의 일치일까? 얼마 전 현대인의 미적 감정이 '숭고'와 '시뮬라크르'의 상반되는 두 요소로 이루어져 있다는 내용의 책을 쓴 바 있다. 이번에 드러난 현대전의 양상이 마치 현대예술을 흉내라도 내듯이 동일한 특성을 보여주는 것은 매우 흥미로운 현상이다.

멜로디에 색채를 주려고 각각의 장에는 그 글에서 연상되는 이미지를 실었다. 그 중에서 이 책의 메시지를 압축한 그림은 오토 딕스(Otto Dix)의 〈전쟁 트립티콘〉으로, 역시 삼단제단화라는 전통적 종교화의 형식을 빌린 것이다. 제1차 세계대전의 참상을 잊고 독일의 보수언론들이 또다시 영웅적인 전쟁의 꿈을 선동하던 시절, 딕스는 자신이 직접 목격한 참호전의 끔찍한 현실을 아무 과장 없이 이 작품 안에 담았다. 이 즉물주의가 그가 평화를 말하는 방식이었다. "바로 저랬다. 나는 보았다." 병사의 수난을 그리스도의 수난에 비유한 이 작품은 당시에 민족의 전투력을 약화시키는 반국가적인 '퇴폐예술'로 낙인찍혀, 나치 대중에게 모욕당하러 전국을 순회해야 했다.

  딕스의 그림처럼 평화는 아직도 모욕을 받아야 하는 걸까? 전 세계 수천만의 시민이 거리로 뛰쳐나와 뜨겁게 반전과 평화를 외쳤어도, 그 어처구니없는 전쟁은 기어이 일어나고야 말았다. 어떻게 이럴 수 있을까? 어떻게 이런 일이 이미 세계대전과 베트남전의 참상을 겪은 오늘날에도 있어날 수 있는 것일까? "우리가 지금 체험하고 있는 일들이 20세기에 들어선 오늘날에도 여전히 가능할 수도 있다는 놀라움." 이것이 발터 벤야민(Walter Benjamin)이 목격한 놀라움이라면, 그의 말이 21세기에 들어선 오늘날에도 여전히 타당하다는 것은 나의 놀라움이다.

  야만은 아직 우리의 것인지도 모른다. 우리는 과연 평화주의자인가? 반전시위에 나갔던 우리는 이번 전쟁에 반대한 것일까? 아니면 모든 전쟁에 반대한 것일까? 모르겠다. 우리는 왜 이 전쟁에 반대했을까? 그것이 '전쟁'이기 때문에? 아니면 그 전쟁이 '부당'하기 때문에? 모르겠다. 아직도 우리는 '정의로운 전쟁'이 있다고 믿는 것일까? 아니면 모든 전쟁은 정의롭지 못하다고 믿는 것일까? 역시 모르겠다. 어쩌면 우리는 마음 속 깊은 곳에서 아직 평화주의자가 아닌지도 모른다. 선뜻 모든 전쟁에 반대한다고 말하지 못하고 머뭇거리는 그만큼, 야만은 아직 우리의 것이다.

  그 야만의 희생자들에게 영원한 안식을······.

차례

서문 5

1장 키리에(Kyrie) - 병사들의 노래 11
2장 레퀴엠 에테르남(Requiem Aeternam) - 병사들의 죽음 29
3장 디에스 이레(Dies Irae) - 충격과 공포 47
4장 오페르토리움(Offertorium) - 가미카제와 여전사 69
5장 상투스(Sanctus) - 팍스 아메리카나 91
6장 아뉴스 데이(Agnus Dei) - 양들의 침묵 113
7장 리베라 메(Libera Me) - 옥쇄(玉碎) 133
8장 전쟁 레퀴엠(War Requiem) - 전쟁과 평화 153

CJK

1장   병사들의 노래

키리에(Kyrie)

Kyrie eleison.
Christe eleison.
Kyrie eleison.

주여, 우리를 불쌍히 여기소서.
그리스도여, 우리를 불쌍히 여기소서.
주여, 우리를 불쌍히 여기소서.

병사들의 노래

나치 독일의 침공을 받은 유고슬라비아의 베오그라드. 그곳에 살던 블랙키와 마르코는 전쟁이 터지기 전만 해도 같은 공산당원이자 친구 사이였다. 블랙키는 독일군에 붙잡힌 친구 마르코를 구출해 그를 일군의 사람들과 함께 지하에 숨겨 놓고, 거기서 무기를 만들게 한다. 블랙키는 이 무기를 암시장에 내다 팔아 부를 챙기나, 지하에 있는 이들에게는 그 무기들이 유고 해방 전쟁에 사용되고 있노라 거짓말을 한다. 전쟁이 끝나고 베오그라드는 해방된다. 하지만 블랙키는 아직 전쟁이 계속되고 있는 것처럼 기만을 하고, 지하실 사람들은 그것도 모르는 체 지하에 숨어 계속 무기를 만들며 살아간다.

에밀 쿠스투리차(Emir Kusturica) 감독의 영화 〈언더그라운드(Underground)〉. 유고의 사회주의 체제를 풍자한 작품인데, 이 영화 속에서 블랙키가 친구 마르코를 기만하는 데에 사용한 장치가 바로 이 글에서 다루려 하는 어떤 노래다. 이 노래 때문에 지하에 있는 이들은 지상에서 전쟁이 계속되고 있다고 믿게 되는데, 그것은 그 노래가 당시 베오그라드에서 송출되던 독일군 방송의 시그널 뮤직이었기 때문이다. 악당 블랙키는 매일 밤 지하를 향해 커다란 사이렌 음향과 함께 낡은 전축 위에 이 노래가 실린 레코드판을 건다. 그리고 지하에 있는 이들은 거기서 흘러나오는 노래를 들으며 조국의 해방을 위해 블랙키의 주머니나 불려주면서 계속 숨어 살게 된다.

이런 설정 때문에 이 노래가 여러 번 반복됐고, 그 바람에 영화를 보고 극장 문을 나설 때쯤에는 그 멜로디가 아예 입에 들러붙었다. 그후로도 가끔 무의식중에 그 멜로디를 흥얼거리곤 했지만, 그러면서도 정작 그 멜로디가 어떤 노래인지는 전혀 모르고 있었다. 그러던 어느 날 우연히 인터넷 게시판에서 누군가 이 글에 관해 올린 글을 보았다. 그것을 읽는 순간 그 글에서 말하는 노래가 내가 흥얼거리는 바로 그 노래라는 직감이 들었다. 확인해보니 아니나 다를까, 역시 내 추측이 맞았다. 그 멜로디는 바로 '제2차 세계대전의 주제곡'이라 불리며 당시 모든 병사들의 사랑을 받았던 노래, 〈릴리 마를렌(Lili Marleene)〉이었다.

모든 병사의 연인

병영(兵營)으로 들어가는 커다란 정문 앞에 서 있는 가로등. 그 아래서 한 병사와 아가씨가 늘 만나곤 했다. 가로등에 비친 둘의 그림자는 늘 하나로 붙어 있었고, 그것만 봐도 둘이 서로 얼마나 좋아하는지 알 수 있었다. 어느 날 초병이 병사를 급히 부르고, 병사는 이제 언제 돌아올 지 모르는 채 전장으로 떠나야 한다. '오, 릴리 마를렌, 너와 함께 갈 수 있다면 얼마나 좋을까?' 그렇게 시간은 흐르고, 가로등은 매일 밤 타올랐으나 병사는 잊혀진 지 이미 오래. 그 아래서 다시 만나자고 약속은 했지만, '만약 내게 무슨 일이 생기면, 릴리 마를렌, 그 가로등 아래 너는 누구와 함께 서 있을까……'

2절에 나오는 '우리 둘의 그림자(unsere beiden Schatten)'라는 표현이 마음에 든다. "우리 둘의 그림자는 늘 하나처럼 보였지. 그걸 보고 사람들은 우리가 서로 얼마나 좋아하는지 금방 알 수 있었지." 모든 나라의 병사들에게 사랑을 받았던 이 노래는 그후 영어, 프랑스어, 러시아어 등 유럽의 각국어로 번역되어 불렸는데, 그 번역들 중에는 심지어 라틴어 가사도 있었다. 라틴어가 실제로 사용되는 언어는 아니므로, 아마 누군가 재미로 번역해놓은 모양이다. '우리 둘의 그림자'가 라틴어로는 어떻게 번역될까? '두아에 움브라에 노비스(duae umbrae nobis)'라고 한다.

마지막 절도 인상에 남는다. "조용한 공간, 땅 속으로부터 너의 사랑스런 입술이 나를 끌어올리고, 이윽고 밤안개가 몰려오면, 릴리 마를렌, 그 옛날처럼 나는 가로등 아래 서 있을 거야……." 잠자다 문득 깨어나 방금 누군가 자기 입술에 키스를 하고 달아났다는 느낌을 받은 적 없는가? 의미가 모호해 다양한 해석이 가능한 이 구절에서 나는 그 비슷한 느낌을 받았다. 무덤으로 변한 참호 속에 죽은 병사가 누워 있고, 그의 입술에 릴리 마를렌이 키스를 하면, 마치 꿈을 꾸듯이 죽은 병사의 영혼이 문득 깨어 일어나 옛날 그 가로등 밑으로 돌아가, 휘감아 오는 밤안개 속에서 예전에 그랬던 것처럼 오지 않는 소녀를 기다린다.

〈릴리 마를렌〉이 제2차 세계대전 중에 히트곡이 될 수 있었던 것은 입에 착 달라붙는 그 경쾌한 선율 때문이기도 하지만, 가사의 내용이 병사들의 마음을 사로잡을 만큼 매혹적이기 때문이기도 했다. 이 노랫말을 쓴 사람은 한스 라이프(Hans Leip, 1893~1983)라는 독일의 무명 시인인데, 그는 제1차 세계대전이 한창이던 1915년 소집을 받아 러시아 전선으로 떠나기 직전에 이 시를 썼다고 한다. 그러니 사랑하는 사람을 두고 혼자 전장으로 떠나야 하는 병사의 안타까움이 절실하게 녹아 있을 수밖에 없고, 바로 그 때문에 릴리 마를렌이 국적을 가리지 않고 모든 병사들의 연인이 될 수 있었던 것이리라.

'릴리 마를렌'의 탄생

사랑의 기억과 죽음의 공포가 교차하는 참호 속. 그 안의 병사들에게 연인이 되어주었던 '릴리 마를렌.' 이 여인의 정체에 대해서는 설이 분분하다. 시인의 애인이었던 두 여인의 이름을 합성해서 창조했다는 설도 있고, 자기의 애인과 친구 애인의 이름을 합해서 만든 여인이라는 얘기도 있고, 베를린에 근무하던 시절 보초를 설 때 그 앞을 지나쳐 저녁 안개 속으로 홀연히 사라진 어느 젊은 간호사의 이름이라는 주장도 있다. 아무럼 어떤가. 어느 게 진실인지는 모르겠으니, 그냥 이 모든 여인들의 이미지가 '릴리 마를렌'이라는 한 소녀의 형상으로 집약되었다고 해두자.

1915년에 쓰인 이 시는 20여 년이 지나서야, 그러니까 1937년에 다른 시들과 함께 수록되어 시집으로 발표된다. 원래 이것 저것 다양한 재능을 갖고 있던 한스 라이프가 이 시에 직접 멜로디를 붙였다고 하나, 그가 붙인 멜로디는 오늘날 전해지지 않는다. 오늘날 우리에게 알려진 그 멜로디를 붙인 것은 다른 이였다. 라이프가 발표한 시집이 우연히 당시 대중음악 작곡가로 이름을 날리던 노르베르트 슐츠(Norbert Schultze, 1911~2002)의 손에 들어간다. 시집에 수록된 시들 중에서 그의 주목을 끈 것이 있었으니, 바로 '병영 앞 가로등 아래서 연인을 기다리는 소녀'에 관한 시였다. 시에 감명을 받은 그는 여기에 그 유명한 멜로디를 붙이고, 이로써 〈릴리 마를렌〉이

탄생한다. 1938년의 일이다.

  노래의 작곡자와 작사자는 그리 존경할 만한 인물은 못 되는 모양이다. 노르베르트 슐츠는 전쟁 중에 나치 군대의 군가를 작곡해준 죄로 전후에 연합군에 의해 활동 중단 명령을 받기도 했다. 그가 작곡한 노래 중에는 〈런던에 폭탄을〉이라는 것도 있으니, 전시에 그의 활동이 어떤 성격의 것이었는지 짐작할 수 있다. 한편 작사자인 한스 라이프는 시와 소설로 당시 문단에 꽤 알려지고, 미술에도 제법 재능이 있어 제 책을 자기 그림으로 장식하기도 했다. 다만 성공에 대한 강한 집착을 갖고 있어, 나치 집권 후에는 권력에 영합하기도 했다. 이에 대해 후에 그는 "내게는 제대로 된 정치의식이 없었다"고 변명했다 한다. 나치가 작곡하고, 속물이 쓴 이 노래가 국경을 초월하여 모든 이의 가슴을 순수하게 울린 것은 아이러니가 아닐 수 없다.

  이들은 자신의 시와 노래가 이렇게 유명해지리라고는 생각도 못 했을 것이다. 실제로 처음에 나왔을 때만 해도 이 노래는 그리 큰 성공을 거두지 못했다. 랄레 안데르센(Lale Andersen)이라는 여가수가 전쟁 직전 이 노래를 처음 녹음했을 때 겨우 700장의 음반을 팔았을 뿐이니까. 이 노래가 일반 대중에게 그리 큰 호응을 받지 못한 것은 어쩌면 당연한 일인지도 모른다. 이 노래에 감동을 받을 수 있는 사람들은 따로 있었기 때문이다. 전쟁이 발발하면서 상황은 크게 달라진다. 독일군 방송이 이 노래를 전선으로 송출하는 순간 노래의 수용자는 대중에서 병사들로 바뀌고, 덕분에 이 노래는 이 새로운 수용자들 사이에서 예상하지 못했던 대성공을 거두게 된다.

신화의 시작

1941년 유고슬라비아를 침공한 독일군은 베오그라드에 독일군을 위한 라디오 방송국을 설치하고 방송을 시작한다. 이 방송은 유럽 대륙만이 아니라, 러시아 전선은 물론이고 저 멀리 롬멜의 전차군단이 있는 북아프리카까지 송출되었다. 이 방송의 담당자가 우연히 700장밖에 안 팔린 음반을 발견하여 이를 하루 방송의 끝을 알리는 시그널 뮤직으로 사용했고, 덕분에 이 노래는 러시아에서 북아프리카에 이르기까지 병사들이 있는 모든 전선에 울려퍼질 수가 있었다. 원작의 화자(話者)는 남자이나, 그것을 남자가 아닌 여자 가수가 부른 것이 이 노래의 매력을 더해 주었다. 랄레 안데르센 버전에서 남자 화자는 뒤로 밀려난다. 뒤에서 코러스를 한 것은 나치의 공군 합창단이라고 한다.

노래는 먼저 방송을 들은 독일군 사이에서 급속히 퍼져나갔다. 하지만 이 노래가 성공을 거두는 동안에도 정작 독일제국에서는 이 노래가 '불길하다'고 하여 한때 이를 금지하려 했다고 한다. 가사 중에 병사의 죽음이 연상되는 구절("내게 무슨 일이 생기면……")이 나오는데, 이것이 그들에게 '불길한' 예감을 주었던 모양이다. 하지만 내가 보기에 정말 문제가 될 만한 것이 있다면, 그것은 아마도 이 노래가 가진 '낭만적' 성격이리라. 명령에 따라 적을 죽여야 하는 살인기계들에게 감상주의는 어울리지 않는다. 군가의 목적이 무엇보다도 전투의욕을 고취시키는 데에 있다면, 그 목적에 이 노래는 애초에 적합하지 않다.

이 노래가 군 방송의 시그널 뮤직으로 채택된 것이 '사막의 여우' 롬멜의 권유에 따른 것이라는 얘기도 있다. 베오그라드 방송을 담당한 카를 하인츠 라인트겐 대위에게는 친구가 있었는데, 그 친구가 이 노래를 좋아했다고 한다. 당시 북아프리카 군단에 복무하던 그 친구를 위해 라인트겐은 1941년 8월 18일 처음으로 이 노래를 방송하는데, 마침 전선에 있던 롬멜의 마음에 들었던 모양이다. 그는 라디오 베오그라드에 아예 이 노래를 방송에 통합시키는 게 어떻겠냐고 제의를 해왔고, 그 제안이 받아들여져 그후 매일 밤 방송 종료 직전인 9시 55분에 이 노래가 시그널 뮤직으로 유럽과 아프리카의 모든 전선으로 울려퍼지게 된 것이다.

적군의 노래
이 노래를 들은 것은 전선 이쪽 편의 독일군만이 아니었다.

프로파간다를 위해 전선에 설치된 거대한 스피커를 통해 이 노래는 전선 저편의 연합군 병사들에게까지 울려퍼졌다. 노래에 매료된 병사들이 하나 둘 이 노래를 따라 부르고. 이때부터 〈릴리 마를렌〉은 국적과 언어의 차이를 뛰어넘어 모든 병사의 노래가 되기 시작한다. 이렇게 영국군 병사들마저 적군의 노래를 적군의 언어로 따라 부르자, 어느 노래 책 출판업자가 자국 병사들의 부족한 애국심을 탓했던 모양이다. 그러자 뾰로통해진 한 병사가 "그럼 왜 우리한테 영어 가사를 만들어주지 않느냐"고 볼멘소리를 했다고 한다. 그후 〈릴리 마를렌〉은 영국 가수의 목소리로 BBC를 통해 영국과 연합군 병사들에게 영어로 노래하게 된다.

이렇게 국경을 넘고 또 넘어 이 노래는 지금까지 48개국 이상의 언어로 번역되었다. 이로써 모든 병사들은 각각 자기 나라 말로 노래하는 〈릴리 마를렌〉을 갖게 된 것이다. 〈릴리 마를렌〉을 좋아한 것은 참호 속의 병사들만이 아니었다. 앞에서 얘기한 것처럼 롬멜과 같은 유명한 장군도 이 노래의 팬이었고, 독일 점령군에 대항하여 빨치산을 이끌었던 유고의 티토 대통령도 당시에는 이 노래를 즐겨 들었다고 한다. 이 노래가 송출된 곳이 마침 베오그라드이며, 이 노래를 송출한 것이 하필 그의 조국을 침공한 나치 군대였다는 점을 생각하면, 그 불쾌한 사실마저 잊게 한 이 적군의 노래가 가진 매력이 어느 정도였는지 짐작할 수 있다.

신화가 탄생하면 전설도 따라다니는 법. 당시 북아프리카 전선에서는 독일군 스피커에서 〈릴리 마를렌〉이 나오는 9시 55분경에는 실제로 두 진영 사이에 종종 암묵적인 휴전이 이루어졌다고 한다. 〈릴리 마를렌〉, 이 가상의 연인이 잠시나마 실제의 전쟁을 멈추었던 것이다. 적어도 전선에 이 노래가 울려퍼지는 동안 병사들은 자신들을 적군과 아군으로 갈라놓은 전선을 지우고, 가로등 아래에서 자기를 기다리는 한 여인의 연인으로 돌아갈 수 있었다. 당시에 참전했던 어느 독일군 병사의 말에 따르면, 어느 날 스피커에서 〈릴리 마를렌〉이 흘러나오자 반대편의 영국군 참호에서 누군가 이렇게 외쳤다. "Please louder!"

하나의 노래, 두 여인

〈릴리 마를렌〉 공식 홈페이지(ingeb.org/garb/lmarleen.html)로 들어가면, 이 노래의 여러 버전을 들을 수 있다. 여러 나라의 가수가 여러 언어로 부른 다양한 버전이 소개돼 있는데, 히틀러를 풍자하는 패러디 버전도 있다. 그중에서 가장 먼저 들어야 할 것은 역시 랄레 안데르센의 1939년 버전이다. 영화 〈언더그라운드〉에서 반복해 등장하는 것도 바로 이 버전이다. 재작년, 얼마 전까지 독일의 수도였던 본의 '역사박물관'에서 '릴리 마를렌 60주년 기념 전시회'가 열렸는데, 아마도 이 노래가 만들어진 1938년과 이 노래가 녹음된 1939년이 아니라 라디오 베오그라드를 통해 처음 송출된 1941년을 이 노

드타유(Édouard Detaille), 〈꿈〉, 1888

병사들이 벌판에서 잠이 들고, 하늘에는 병사들이 꾸는 꿈이 아련한 영상으로 펼쳐진다. 하늘과 땅은 서로 떨어져 꿈과 현실의 세계를 가른다. 병사들은 무슨 꿈을 꿀까? 꿈에서나마 전쟁의 일상을 잊고 싶지는 않을까? 하지만 유감스럽게도 그림 속의 병사들이 꾸는 꿈은 또 다른 전쟁의 꿈이다. 그 옛날 나폴레옹과 잔 다르크가 가져다주었던 빛나는 전승의 영광이다. 근대의 애국주의는 이렇게 행여 탈영을 할세라 꿈에서도 병사들을 전쟁터에 꼭 붙들어놓았다.

래가 실제로 탄생한 해로 본 모양이다.

랄레 안데르센과 함께 들어야 할 것은 역시 마를렌 디트리히(Marlene Dietrich) 버전이다. 직접 노래를 들으면 알 수 있듯이 이 두 여인은 같은 독일어를 사용하지만 발음에 상당한 차이가 난다. 안데르센이 분명하게 분절된 딱딱한 독일식 발음이라면, 마를렌 디트리히는 독일어로 노래를 부르는 순간에도 그 발음이 미국식으로 매우 부드럽게 굴러간다. 별것 아니지만 어떻게 보면 매우 상징적이다. 독일에 남은 한 여인은 독일군 병사를 위해 노래를 불렀고, 미국으로 망명한 또 다른 여인은 주로 미군과 연합군 병사를 위해 그 노래를 불렀기 때문이다. 사실 연합군 병사들에게 더 알려진 것은 랄레 안데르센의 오리지널 버전이 아니라 마를렌 디트리히의 영어 버전이다.

독일군 병사들에게 〈릴리 마를렌〉은 랄레 안데르센이었다. 반면 미군 병사들에게 〈릴리 마를렌〉은 마를렌 디트리히였다. 이렇게 하나의 노래에 두 이름이 결합되다 보니, 두 여인 사이에 가벼운 신경전도 있었던 모양이다. 하지만 이것이 나치 독일과 미국의 정치 대립은 아니었다. 노랫말을 쓰고 곡을 만든 남자들과 달리, 이 노래를 부른 두 여인은 모두 나치에 대해 거리를 두고 있었다. 마를렌 디트리히는 베를린으로 돌아오라는 히틀러의 명령을 거부하고 미국으로 망명을 했다.

작년에 개봉된 영화 〈꿈 속의 여인〉에는 괴벨스의 구애를 거부하고, 베를린에서 탈출을 하는 한 스페인 여배우가 등장하는데, 이 여인의 모델이 된 것이 바로 마를렌 디트리히라고 한다.

랄레 안데르센 역시 한때는 나치 정권으로부터 고초를 겪었다. 그의 애인이 스위스에 사는 유대인이라는 사실이 게슈타포에게 발각되었기 때문이다. 자기가 주고받는 편지가 비밀경찰의 검열을 받고 있다는 사실을 모르고 있었던 것이다. 어쨌든 이 일로 유대인의 애인이 부른 이 노래는 나치가 만든 금지곡 리스트에 올라가고, 한때 전선에서 소리 없이 사라져야 했다. '불길한 성격' 운운하며 이 노래를 금지한 진짜 이유는 아마 이것이었을 게다. 문제는 그 다음이었다. 독일군이 주둔하는 모든 전선에서 갑자기 선전성으로 편지가 빗발치기 시작했다. 이 노래를 유일한 낙으로 삼던 독일군 병사들이 전선에서 〈릴리 마를렌〉이 사라지자 일제히 항의를 하기 시작한 것이다. 결국 괴벨스도 그 성화에 못 이겨 이 노래를 다시 내보낼 수밖에 없었다.

마를렌 디트리히는 당시에 이미 대서양 연안에서 꽤 인정받는 스타였고, 그후의 예술적 성공 역시 〈릴리 마를렌〉에만 의존했던 것은 아니었다. 반면 이 노래를 부르던 당시 랄레 안데르센은 무명의 카바레티스트에 불과했다. 이 노래로 일

약 유명인사가 될 수 있었지만, 그녀는 평생 이 명예의 멍에를 벗어버릴 수 없었다. 자신의 재능을 굳게 믿던 안데르센은 사람들이 자신에게 오로지 '릴리 마를렌'만을 기대하는 데에 크게 낙담했다. 평생 루이스 캐럴의 여주인공이 할머니가 되어서도 '앨리스'라는 소녀의 역할을 요구받았던 것과 마찬가지리라. 안데르센은 그후 자신이 가졌다고 믿었던 그 재능으로 〈릴리 마를렌〉에 비견할 만한 성공은 거두지 못했다. 영화 팬들은 아마 파스빈더 감독의 영화 〈베로니카 포스의 갈망〉을 통해 그의 생애에 대해 잘 알고 있을 것이다.

바람 속에 부는 대답

제2차 세계대전에 랄레 안데르센이 있다면, 베트남 전쟁에는 존 바에즈(Joan Baez)가 있다. 그의 노래 〈도나 도나(Donna Donna)〉에는 고약한 블랙 유머가 담겨 있다. 짐차 위에 시장에 팔려나가는 송아지 한 마리가 슬픈 눈망울을 한 채 실려 있고, 송아지의 머리 위로 제비 한 마리가 우아하게 날갯짓을 하며 떠돈다. 이유도 모르는 채 끌려가 도살당해야 하는 송아지에게 농부가 잘라 말한다. "누가 너보고 송아지로 태어나래?" 자유의 꿈을 품고 있는 자라면 하늘을 나는 법을 미리 배워뒀어야지. 자유를 배우지 못해 영문도 모르는 채 베트남이라는 도살장으로 끌려가는 송아지를 보며, 바람은 비웃는다. 온 힘을 다해 하루 종일 웃고, 밤의 반쪽이 지나도록 웃고 또 웃는다.

〈릴리 마를렌〉이 제2차 세계대전의 주제곡이었다면, 베트남 전쟁을 상징하는 노래는 〈바람만이 아는 대답(Blowing in the wind)〉이었다. 보브 딜런(Bob Dylan)의 노래는 젊은이들에게 전쟁에 나가는 것을 거부하라고 말한다. 전쟁터로 향하는 젊은이들에게 노래는 이렇게 묻는다. "얼마나 많은 죽음이 더 있어야 우리는 너무 많은 사람이 죽었다고 생각하게 될까?" "얼마나 많은 귀를 가져야 우리는 사람들이 지르는 비명을 들을 수 있나?" 그리고 "보고도 못 본 척하기 위해 우리는 또 얼마나 여러 번 고개를 돌려야 하나?" 이 물음들에 대한 그의 답변을 누군가 우리말로 이렇게 옮겼다. "오, 내 친구여, 묻지를 마라. 바람만이 아는 대답을……."

〈릴리 마를렌〉에도 바람이 나온다. 누군가 랄레 안데르센에게 왜 그 노래가 그토록 큰 반향을 일으켰냐고 물었다. 그는 이렇게 대답했다. "바람이 폭풍이 된 이유를, 바람이 어떻게 설명할 수 있겠는가?" 그 조그만 노래가 그렇게 큰 폭풍을 불러일으킨 이유를 바람이라고 알 수 있겠느냐는 것이다. 하지만 '바람만이 아는 대답'이든, '바람도 모르는 대답'이든, 굳이 답할 필요 없는 그 질문의 의미는 동일한 것이다. '군복'이라는 송아지 가죽을 뒤집어쓰기 전에는, 그 가죽 위에 국적이라는 뜨거운 불도장이 찍히기 전에는, 인간은 서로 죽일 이유가 전혀 없는 사람이라는 것이다.

바람은 왜 폭풍이 되었는가? 간단하다. 그 노래가 송아지 가죽을 벗겨주었기 때문이다. 매일 밤 9시 55분 〈릴리 마를렌〉이 흐르는 짧은 시간 동안 총을 쏘던 병사들은 잠깐 탈영을 할 수 있었다. 그몸이 참호 속에 누워 있는 동안, 병사들의 영혼은 꿈결같이 스치는 선율의 키스에 문뜩 깨어나, 무기를 버리고, 군복을 벗고, 지옥 같은 참호에서 걸어나와, 적과 아를 가르는 전선을 가로질러 저마다 자신의 릴리 마를렌을 찾아 저녁 안개에 휘감긴 가로등 밑으로 날아갔던 것이다. 군복을 벗어버리면 영혼에 무슨 차이가 있단 말인가? 그 폭풍은 연인에게 돌아가려는 수많은 영혼들의 부산한 움직임이 일으킨 것이리라. 그리고 폭풍이 된 그 바람 속에 부는 메시지. '진정한 인간은 탈영병이다.'

2장　병사들의 죽음

레퀴엠 에테르남(Requiem Aeternam)

Requiem aeternam dona eis, domine.
Et lux perpetua luceat eis.

주여, 그들에게 영원한 안식을 주소서.
그들에게 영원한 빛을 비추소서.

병사들의 죽음

전쟁은 겪어보지 못했다. 하지만 비슷한 것을 경험한 적은 있다. 1986년 여름, 당시 나는 모자에 작대기 두 개를 달고 등촌동에 있는 '국군수도통합병원'에서 파견근무를 하던 중이었다. 국방부에서 통신지원을 위해 파견된 세 명의 병사가 병원 내의 조그만 방을 내무반을 삼아 살면서 즐거운 군대생활을 즐기고 있었다. 그 귀찮은 교육도 없고 삽질하는 노역도 없고, 낮에는 끊어진 전화선이나 갈아주고, 밤에는 교환대에 앉아 남자가 그리운 아가씨들의 장난전화나 받아주면 그만이었다.

입원한 병사들이야 병원 밖 출입이 제한돼 있고 또 음주가 금지돼 있는 대신에, 면회 온 부모에게 받은 풍부한 자금을 갖고 있었다. 반면 우리는 돈만 없지, 언제라도 병원 안팎을

드나들며 물품을 반입할 자유와 맘껏 술을 마셔도 되는 치외법권 지대를 갖고 있었다. 양자의 요망이 서로 완벽하게 일치하기에 밤마다 내무반에서는 풍성한 주연이 열리곤 했다. 위생병들 중에 코가 발달한 녀석들도 빠지지 않고 그 자리를 빛내주곤 했다.

병사의 죽음

그렇게 알게 된 위생병 중에 김 일병이 있었다. 나와 그는 늘 한 조가 되어, 안보의 전선에서 복무하다 부상한 국군 병사들의 노고를 치하하려고 특별히 시가의 반도 안 되는 저렴한 가격에 그들에게 포경수술을 시술해주기도 했다. 수술비의 4분의 3은 '집도의'인 그가 먹고, 옆에서 조수 노릇을 했던 나는 나머지 4분의 1을 먹었다. '리도케인'이라 불리는 마취주사를 맞아 복어처럼 부어오른 물건을 두 손으로 열심히 비벼 원상태로 되돌리고, 그가 가위질을 하거나 큰 핏줄을 꿰맬 때 옆에서 핀셋으로 포피를 잡아주는 게 내 임무였다.

내가 이 친구를 기억하는 것은 그의 화끈함이 여러 차례 깊은 인상을 남겼기 때문이리라. 어느 날 밤 여느 때와 다름없이 우리는 고기를 구워먹으며 소주를 마시고 있었다. 마침 그 자리에는 며칠 전에 포경수술을 받은 병사 하나가 있었는데, 그 친구도 술이 당겼던지 주치의에게 묻는다. "김 일병님, 저도 술 마셔도 됩니까?" 우리 주치의는 예상 밖으로 선선히 허락을 한다. "마셔, 마셔……." 허락을 받은 그 친구가 신나서 한 잔 거하게 들이키고 나자, 그때야 한마디 덧붙인다. "X이야 불어터지든 말든……."

지뢰 파편에 맞아서 실명해 큰 소리로 울부짖는 병사를 신나게 두들겨 패주었노라고 자랑하는 친구다. 제 말에 따르면 그렇게 두들겨 패줘야 나약한 마음을 추스르고 앞으로 험난한 세상을 헤쳐나갈 굳은 의지를 갖게 된다. 이것은 아직까지도 내가 보고 들은 것 중에서 가장 심오한 휴머니즘적인 구타의 예로 남아 있다. 어쨌든 병원에서 그보다 더 안 된 사연을 가진 병사들을 수없이 보다 보면, 절망에 빠져 내지르는 절규도 어린아이의 칭얼거림 정도로 느껴지는 모양이다.

하여튼 이 친구의 감성이 내게 가장 인상을 남긴 사건이 있었다. 중환자실에 근무하던 이 친구의 임무는 사망 환자를 입관하는 것. 하지만 군에서 사고로 죽은 시체들의 형상이 오죽하겠는가. 그렇게 잘려나간 사지를 '와이어'라 부르는 실로 꿰매 형상을 맞춘 다음에 입관을 하는 것까지가 그의 임무였다. 이 친구가 어느 날 우리 내무반 문을 박차고 들어오더니, 욕설을 퍼붓는다. 듣자 하니 소생 가능성이 없는 환자 하나가 있는데, 숨이 안 끊어지는 바람에 자기가 아직 잠자러 가지 못하고 있다는 것이다. "X새끼, X나게 안 뒈지네." 인간의 가능성은 이렇게 무한하다.

병사들의 죽음 • 33

병사의 어머니

 중환자실 언저리에는 병사의 죽음을 바라보는 또 다른 시각이 있었다. 내무반과 근무처가 바로 중환자실 옆이라, 우리는 중환자실 복도에 병사들의 어머니가 서 있는 것을 볼 수 있었다. 면회시간이 지나 아들의 모습을 볼 수는 없지만, 그래도 차마 그 곁을 떠나기 어려웠던지 벽에 몸을 기댄 채 수심에 가득 찬 안타까운 얼굴로 하루 종일 그렇게 마냥 서 있었다. 그 벽 뒤의 공간에서 죽음과 싸우고 있는 병사도 딱하지만, 그 병사의 어머니를 보는 것은 고통스럽도록 안타까운 일이다.

 복도에는 의자도 없었다. 하루 종일 서 있는 게 딱해보여서 의자를 권했더니, "괜찮다"고 물린다. 왜 그랬을까? 구약성서에 보면 여호수아의 전투가 승리할 수 있도록 모세가 산 위에서 하루 종일 두 손을 들고 있는 장면이 나온다. 이와 비슷한 심정이 아닐까? 자신이 그렇게 고통스럽게 서 있어야 죽음의 사자와 힘겹게 싸우는 아들이 그 마지막 전투에서 이길 수 있다고 믿는 것이 아닐까? 어쨌든 의자를 물리는 그 고행의 실천이 아들이 당하는 고통에 함께하는 어머니들의 방식이었다.

 어머니가 복도에 서 있는 동안, 우리는 이상하게도 그와 정서적으로 동화가 되어 얼굴도 모르는 그녀석이 저 병동에서 다시 걸어나오기를 바라게 된다. 하지만 군대의 병원에서 그 어머니가 허용된 면회시간을 넘겨가며 거기에 그렇게 서 있어도 된다는 것 자체가 벌써 아들의 용태가 심상치 않음을 의미한다. 그래서인지 어머니의 바람대로, 또 거기에 동화된 우리의 바람대로, 아들이 살아나오는 경우는 거의 없었다. 그나마 숨이 빨리 끊어지면 다행이고, 며칠씩 버티는 경우에는 정작 죽어가는 아들보다 그 며칠 동안 식음을 전폐한 채 거기에 서 있어야 하는 어머니의 모습이 더 애처롭다.

그러다가 마침내 찢어지는 듯한 비명이 들린다. 나가 보면 하얀 천으로 덮인 병사의 사체가 있고, 그것이 실린 커트를 부여잡고 울부짖는 어머니가 있다. 사체를 영안실로 옮기려고 위생병들은 어머니를 뜯어말리나, 어머니는 아들이 지금 시체라는 사실을 인정하는 데에 적어도 그들보다 시간이 더 걸린다. 아들이 엘리베이터에 실려 아래로 내려가면, 내내 서 있던 다리는 그제야 힘이 풀리고, 어머니는 말로 형용할 수 없는 소리를 내며 엘리베이터의 닫힌 문 앞에 주저앉는다. 이때 우리 입에서는 저렇게 제 어미 속을 새까맣게 태워놓고 떠난 그 불효자를 향해 욕이 튀어나온다. "X새끼……."

죽은 병사의 일기

그렇게 죽은 병사들은 병원 한 귀퉁이 한적한 곳에 있는 영안실로 보내진다. 영안실에 들어가면 콜라 깡통을 반으로 갈라놓은 것처럼 생긴 커다란 시체 보관용 냉장고가 있다. 앞과 뒤에 각각 위아래로 문이 둘씩 달려 있어, 네 구의 시체를 한꺼번에 보관하도록 돼 있는데, 미국 '웨스팅하우스' 제품이었던 것으로 기억한다. 어느 위생병에게 그 네 칸 중 한 칸에는 술 마실 때 필요한 안주를 저장하고 있다는 말을 들었으나, 그 말이 농인지 진담인지 확인하기 위해 실제로 그 문을 열어볼 엄두는 나지 않았다.

영안실 한쪽 귀퉁이에는 부검실이 있었다. 텅 빈 공간에 부검용 해부대 하나만 달랑 놓여 있고, 바닥은 씻어내기 편하게 타일이 깔려 있어 마치 목욕탕 같았다. 영안실 벽 위에는 계급별로 위험수당과 복무 중 사망시에 받을 보상금 액수가 적힌 표가 붙어 있었다. 액수는 정확히 기억나지 않지만, 하여튼 인간의 목숨 값이 개 값보다 못 했던 것만은 확실하다. 도대체 그런 걸 왜 붙여놨을까? 알 수 없다. 하지만 거기서 나는 울부짖는 유가족과 번거롭게 목숨 값을 놓고 흥정하고 싶지 않다는 국가의 단호한 의지를 읽었다.

우리가 가끔 영안실에 간 데에는 이유가 있었다. 대개 고참병들이 제대할 때는 군복무를 기념한답시고 보급품 중에서 이것 저것 들고 나가는 경우가 많다. 그 중 가장 만만한 것은 역시 화투를 칠 때 필요한 모포와 등산, 낚시 등 레저용으로 요긴하게 쓸 수 있는 판초 우의였다. 이렇게 분실된 물건들은 검열을 대비해서 어떤 식으로든 채워넣어야 했고, 그때 제일 만만한 것이 바로 죽은 병사들의 물건이었다. 영안실 옥상에는 그렇게 죽은 병사들의 개인 보급품이 어지럽게 널려 있었다.

어느 날 영안실 옥상에서 보급품을 조달하다가 우연히 한 병사의 유품을 발견했다. '하이젠베르크의 불확정성 원리'에 관한 한 권의 책. 아마 다른 책들에 묻혀 아직도 집구석 어딘가에 있을 게다. 그 책의 여백에는 죽은 병사의 글이 적혀 있었다. 그 중 한 구절, "이 책은 나의 인식론을 형성하는 데에 결정적인 영향을 주었다." 아마도 대학에서 나처럼 철학을 공부하던 학생이었던 모양이다. 글 밑에 적어넣은 날짜를 보니, 정확히 15일 전. 그러니까 15일 사이의 어느 날짜에, 학교로 돌아갈 꿈을 꾸며 읽을 것과 연구할 계획을 적어넣었던 그 병사는 세상을 떠난 것이다. 왜 죽었을까?

축제의 날

병원에 있다 보니 과거에서 현재까지 있었던 여러 가지 유형의 사고에 대해 듣게 된다. 군대에 떠도는 얘기라야 대부분 과장되고 허위가 섞인 것이지만, 그 중에는 제법 듣기에 그럴듯한 것들도 있었다. 육군의 사고는 대부분 교통사고, 총기사고, 아니면 지뢰, 크레모어, 불발탄 폭발사고다. 해군의 경우에는 좀 특이한 데가 있다. 가령 군함을 정박하기 위해 닻줄을 끌어당기다가 놓치는 바람에 닻줄이 병사의 허리를 쳐 두 동강이 났다든지. 하지만 실제로 그런 끔찍한 사고로 입원한 사람은 많지 않고, 대부분 일반 병원에서 볼 수 있는 그런 환자들이다. 특이한 게 있다면 들쥐가 옮긴다는 유행성출혈열에 걸린 병사들이 꽤 많았다는 정도일까.

내가 있을 때 일어난 사고 중에 극적인 것은, 훈련용 박격포탄을 복부에 꽂은 채 실려온 어느 병사였다. 나중에 들으니 그는 운 좋게 목숨을 건졌다고 한다. 또 하나는 다리에 총상을 입고 실려온 병사였는데, 경계임무를 맡고 투입되는 중에 뒤에서 총소리가 들려 구덩이에 엎드렸는데, 알고 보니 자기 후임병이었다고 한다. 그런데 그 와중에도 그 후임병이 자기가 엎드린 구덩이를 향하여 조준사격을 했다 한다. 내게 이 얘기를 들려준 것은 사고 조사를 맡은 보안대의 김 상병인데, 그의 말에 따르면, "그 후임병을 구타했느냐"는 질문에 그 병사는 끝까지 "그런 적 없다"고 잡아뗐다.

어느 날 내무반에 앉아 위생병들과 바둑을 두고 있을 때였다. 갑자기 공군 김 병장이 들어오더니 당시 유행하던 코미디언의 제스처를 흉내내며 "경사났네, 경사났어" 하고 말한다. 전방에서 큰 사고가 일어나 지금 그 부상병들이 후송되고 있는 중이란다. 잠시 후 상공에서 헬리콥터 소리가 들린다. 놀라서 밖으로 나가보니 한두 대가 아니었다. '파다다닥' 하는

딕스(Otto Dix), 〈전쟁 트립티콘〉

포탄에 날려 허공에 걸린 시체, 참호 속에 머리를 거꾸로 처박은 시체, 터져나온 내장, 여기저기 흩어진 사지, 피와 범벅이 된 진흙탕, 그속에 처박힌 시체들. 하필이면 왜 저렇게 끔찍하게 묘사했느냐는 질문에 딕스는 대답했다. "바로 저랬다. 나는 보았다." 삼단제단화의 형식을 이용함으로써 그는 이 끔찍한 전쟁의 장면에 그리스도의 수난을 오버랩시킨다. 트립티콘 안의 네 장의 그림은 아침, 점심, 저녁, 밤…… 병사의 일상을 보여준다. 새벽 안개를 뚫고 전선에 나간 병사들은 종일 포격과 사격에 시달리다, 밤이 되면 시체가 되어 무덤에 눕는다.

엄청난 굉음과 함께 저 북쪽에서 헬리콥터가 한도 끝도 없이 몰려오고 있었다. 부상병들이 들것에 실려 들어오기 시작하자, 순식간에 병원은 발칵 뒤집히고, 복도는 이리저리 뛰어다니는 군의관과 간호장교와 위생병들로 가득 찼다.

 들것에 실려 들어오는 병사들의 모습은 차마 눈뜨고 봐줄 수가 없었다. 그나마 하얀 천으로 덮여 있기에 망정이지, 그렇지 않았다면 아마 그 자리에서 먹은 것을 다 게워냈을 것이다. 그 더운 여름날 인간 신체의 내부를 돌던 액체가 흘러나와 풍기는 비릿한 냄새는 그렇게 강한 것은 아니었지만 속을 메스껍게 하는 데는 충분했다. 부상한 병사를 덮은 하얀 천은 가끔 허리 아래에서 그냥 밑으로 툭 떨어지곤 했다. 하반신이 날아간 것이다. 실려가는 들것 아래로 붉은 피와 허연 액체가 뚝뚝 떨어진다. 십자가의 예수가 "물과 피를 흘렸다"고 한 성경 말씀이 거짓말이 아닌 모양이다.

 "야, 뭘 해? 이리 와서 바닥에 흘린 거 좀 치워." 멀뚱히 바라보던 우리를 간호장교가 부른다. "우리는 위생병이 아니라 통신병인데요." 작대기들의 변명은 밥풀떼기에게 간단히 제압된다. "야, 지금 그런 거 따질 때냐. 빨리 치우지 못해?" 마지못해 대걸레를 잡는다. 바닥을 닦는 것까지는 좋은데, 걸레를 빨 때가 문제였다. 평소에는 손으로 빨았으나, 차마 손을 댈 엄두가 나지 않았다. 그래서 군홧발로 밟아 대충 붉은 물만 뺀다. 수챗구멍으로 불그스름한 물이 빠져나가는 것을 보는 기분은 그리 유쾌한 경험이 못 된다.

인간의 형상을 잃은 그 물체들(?)은 실려가면서 간간이 신음을 냈고, 가끔은 꿈틀거리기도 했다. 이렇게 실려온 이들은 일단 응급실로 보내졌다. 응급실 바깥 마당에는 이들의 몸에서 벗겨낸 전투복이 수북히 쌓여 있었는데, 갈갈이 찢겨져 피범벅이 된 그것은 더 이상 '옷'이 아니었다. 이들의 생사 여부가 궁금해 마침 지나가던 군의관에게 물었다. "쟤들, 살 수 있을까요?" 그랬더니 퉁명스런 대답이 돌아온다. "어디 살리려고 데려온 거냐. 아직 살아 있으니까 데려온 거지."

사고의 경위는 나중에 보안대 김 상병에게 들었다. 전방에서 5대조 작업을 하다가 6·25 때 미군이 떨어뜨린 커다란 불발탄을 발견했다. 제대 일주일 남긴 병장이 막 전입 온 신병에게 그것을 삽으로 까라고 시켰는데, 군기가 바짝 든 그 신병이 정말로 뇌관을 삽으로 내려쳤다는 것이다. 그나마 계급이 낮은 이병과 일병들은 겁이 나 멀찌감치 뒤로 물러서는 바람에 무사했고, '짬밥' 자랑하느라 그 자리를 지키던 상병과 병장들이 주로 희생됐다는 것이다. 그날 그렇게 실려온 병사들 중 몇 명이나 살았는지 나는 알지 못한다.

육체와 영혼

 이런 참상은 그냥 보는 것만으로도 이미 영혼에 상처를 남긴다. 또 하나의 기억. 파견근무를 마치고 본대로 귀대했을 때의 일이다. 어느 날 점심을 먹으러 식당에 가니, 입구에 세움간판이 길게 늘어서 있다. 뭔가 궁금하여 다가가니 그 위에 병사들의 사체 사진이 붙어 있었다. 교통사고, 감전사고, 폭발사고 등 각종 사고로 숨진 병사들이 그 참혹한 모습을 내보이며 우리에게 '너희는 우리처럼 되지 말라'고 경고하고 있었다. 이것이 '안전'의 중요성을 강조하는 군대의 방식이다. 사진을 보고 나서 식당에 들어가 밥을 먹으려니, 자꾸 사체들의 영상이 식판 위의 반찬에 오버랩되어 결국 구역질을 내며 먹기를 포기하고 만다.

 1984년인가? 학교에 광주민주화운동 희생자들의 사체 사진이 나붙었다. 그 중에서 특별히 끔찍했던 사진 하나, 뭔지 모를 이상한 형체, 도대체 인간 신체의 형상이 아니었다. 그때 아랫부분에 반달 모양의 물체가 눈에 들어온다. 이빨이 가지런히 난 아래턱! 그제야 그것이 짓이겨진 인간의 머리임을 깨닫는다. 그 사진은 군부에 대한 적개심을 심어주어야 했으나, 적어도 내게는 역효과를 냈다. 그것을 보고 군부독재가 아니라 그냥 세상이 싫어졌기 때문이다. 어느 정도의 잔혹함은 적개심을 불러일으키나, 그 한도를 넘어서는 압도한 잔혹함은 인간을 정치적으로가 아니라 형이상학적으로 만든다.

얼마 전 지하철역에서 본 포스터. 거기에는 미군 장갑차에 깔려 숨진 두 여중생의 사체 사진이 실려 있었다. 그 무거운 차량에 깔렸으니 몸이 온전하겠는가. 한 소녀의 몸 밖으로 시뻘건 살이 튀어나와 있었다. 이미 영혼이 떠난 몸, 막 내보여도 된다는 말일까? 그 사진은 두 소녀의 영혼을 무시하고 그들을 한낱 '살덩어리'로 격하하고 있었다. 굳이 이런 사진을 공개 장소에 내걸어야 했을까? 소녀들의 존엄성을 지켜주는 것이 사고를 낸 미군에게 유죄판결을 내리는 것보다 덜 중요한 목적일까? 그 사진을 보고 미군에 대한 적개심을 느끼는 감성도 있다고는 하나, 적어도 내게 그 사진은 영혼에 깊은 상처만 남겼다.

언젠가 독일에서 고속전철(ICE)이 탈선하는 사고가 일어났을 때, 현장에서 구조작업을 하던 대원들의 상당수가 후에 우울증을 비롯한 정신질환을 앓게 되었다고 한다. 물론 이에 대비하여 현장에는 목사와 신부, 정신과 의사 등이 '영혼 관리사'(Seelensorger)로 투입되었지만, 감각은 원래 개념보다 강력한 것, 그리하여 그들의 기도와 조언도 현장의 그 끔찍함을 목격한 영혼의 상처를 치유하기에는 부족했던 모양이다. 이렇게 우리의 영혼은 상처받기 쉬운 것이다. 끔찍한 감각의 폭력에 상처받지 않는 무감한 영혼이 있다면, 그것은 더 이상 영혼이 아니리라.

그런데 이런 참상이 어쩌다 발생하는 '사고'가 아니라 아예 '일상'이라면? 얼마나 끔찍하겠는가. 전쟁은 이 특별한 사고를 결코 특별하지 않은 범상한 '일상'으로 만든다. 죽음은 도처에 있다. 그것이 전쟁이다. 어쩌다 경험하는 예외 상황은 일상의 한 부분이 되고, 어쩌다 목격하는 참혹한 장면은 더 이상 낯설지 않은, 삶의 친근한 풍경이 된다. 이 무서운 일상이 우리의 감각에 풀어놓는 그 압도한 잔혹함. 상처 받는 영혼은 그것을 어떻게 견뎌내야 하는가? 전쟁이 영혼에 입힐 외상을 안고 살아갈 자신이 없으면 아예 영혼 없이 사는 수밖에. 아니, 어쩌면 우리는 이미 그렇게 살고 있는지도 모른다. 그런데 전쟁이 정말 일어났는가?

나는 그대가 죽인

1986년 1월 논산 훈련소. 사과 껍질 벗겨내기에도 모자랄 정도로 무딘 대검을 M16 소총에 꽂고, 구덩이에 엎드려 있다가 분대원들과 함께 일제히 적의 고지를 향해 돌진한다. "약진, 앞으로!" 우리가 점령한 고지에는 적군의 몸뚱이 대신 둥근 타이어가 걸려 있었다. 별 생각 없이 착검한 소총으로 타이어를 '툭' 찔러보고는 소스라치게 놀란다. 힘도 주지 않았는데 무딘 칼날이 그 단단한 고무 타이어 속으로 쑥 들어가버리는 게 아닌가. 대검은 갈아서 사용하는 게 아닌 모양이다. 총검술을 가르치던 조교는 우리에게 적의 몸을 찌를 때는 곧바로 찌르되 뺄 때는 돌려서 빼라고 가르쳤다. 그래야 삼겹살의 장력을 받은 칼날이 몸 밖으로 빠져나올 수 있단다.

〈서부전선 이상 없다〉에 나오던가? 포탄을 피해 구덩이 속으로 뛰어 들어온 프랑스 병사의 배에 대검을 찔러넣고, 죽어가는 병사의 신음을 들으며 구덩이 안에 나란히 누워 함께 밤을 지새우는 장면. 그때 바라본 밤하늘의 별은 어떻게 느껴졌을까? 그가 찌른 프랑스 병사. 그는 없애버려야 할 가증스런 적으로 여겨질까? 아니면 그가 돌아오기를 애타게 기다리는 어느 어머니의 아들로 여겨질까? 그리고 그 신음, 나라면 어떻게 했을까? 수도병원의 그 위생병처럼 그 소리가 듣기 싫어 빨리 죽지 않는다고 마구 욕설을 퍼부을까? 아니면 내가 그에게 준 고통의 소리를 들으며 죄책감을 느낄까? 오, 내 친구여…….

> 나는 그대가 죽인 적군이라오.
> 나는 그대를 이 어둠 속에서 알아보았소.
> 어제 나를 찔러죽일 때에도
> 그대는 그렇게 얼굴을 찌푸렸기에…….
> ─윌프레드 오언, 〈이상한 만남〉

뉴스 속의 미군 병사들은 미사일이 적군의 참호에 명중하자 환호성을 지른다. '브라보!' 무엇을 축하하는 것일까? 인간의 몸이 갈갈이 찢겨지는 게 그렇게도 좋을까? 정밀하게 유도된 그 완벽한 폭발 속에서 그들은 무엇을 떠올렸을까? 한 인간이 사방에 흩어진 살점으로, 산산이 흩뿌려진 핏자국으로 해체되는 모습을 떠올렸을까? CNN이 보여주는 화면 속 이라크군의 전차는 하나같이 불을 뿜으며 타오르고 있다. 거기에도 사람이 타고 있었을 터. 용광로처럼 끓는 쇳덩어리 속에서 사람이 까맣게 타죽어 간다는 사실이 왜 그들을 그토록 기쁘게 할까?

주여, 저들을 용서하소서. 저희는 저희가 하는 일을 모르나이다.

3장 충격과 공포

디에스 이레(Dies Irae)

Dies irae, dies illa,
Solvet saeclum in favilla:
Teste David cum Sibylla.
Quantus tremor est futurus,
Quando Judex est venturus,
Cuncta stricte discussurus!

진노의 날, 바로 그날이
세상을 잿더미로 만들어
다윗과 선지자의 예언을 이루리로다.
얼마나 떨리는 일일까
심판의 날이 다가와
만물에게 죄를 엄히 물으리니!

충격과 공포

2003년 3월 22일 새벽 2시 5분경 미·영 동맹군은 바그다드에 미사일과 항공기를 동원한 대규모의 공습을 가하기 시작했다. 곳곳에 불기둥이 치솟고 검은 연기가 하늘을 가득 뒤덮어, 인구 500만 명의 이 도시는 마치 "지옥을 방불케" 했다고 외신은 전한다. 그들은 이를 "충격과 공포(Shock and Awe)"라 불렀다. 듣자 하니 이 작전은 1996년 9월에 할란 울만과 제임스 웨이드라는 사람이 제출한 보고서 〈충격과 공포-신속한 우위의 확보〉를 바탕으로 한 것이라 한다. 이 보고서에서 두 저자는 이 작전의 개념이 "적을 꼼짝 못하게 하기 위해 적에게 압도적인 차원의 충격과 공포를 가하는 데"에 있다고 밝혔다.

할란 울만은 현재 미국의 국방대학에서 교편을 잡고 있는 인물로, 백악관과 국방부 주변에서는 모르는 사람이 없을 정도라고 한다. 이번 전쟁을 이끈 주역 중의 하나인 콜린 파월도 그에게 배웠는데, 제자는 스승을 가리켜 "나의 비전을 몇 단계 끌어 올려준 분"이라고 극찬했다고 한다. 훌륭한 스승에게 배워 '몇 단계 끌어올려진' 그의 '비전'은 마침내 그의 머릿속에서 나와 가공할 파괴력을 자랑하는 미사일과 집속탄과 벙커 버스터가 되어 하늘을 날다가 도처에서 요란한 소음을 내며 폭발하고 있다.

미국이 '충격과 공포'를 사용한 것은 이번이 처음이 아니다. 1945년에도 미군은 두 개의 원자폭탄으로 일거에 일본 군부의 저항의지를 무력화했다. 울만 역시 충격과 공포 작전이 히로시마 때와 비슷한 효과를 가져올 것이라 확신한다. "며칠, 몇 주가 아니라 단 몇 분 만에 히로시마에 투하한 핵무기와 비슷한 즉각적인 효과를 거둘 것이다." "핵폭탄을 히로시마와 나가사키에 투하함으로써 마침내 일본 제국과 최고사령부로 하여금 어떠한 저항도 쓸모없다는 것을 확신시켰던 것과 비슷한 효과를 거둘 수 있도록 여러 수단이 강구되어야 한다."

그 수단 중의 하나로 그가 제안한 것이 바로 대규모 크루즈 미사일 공격이었다. 그는 이로써 "너댓새 안에 이라크 군을 물리적, 정신적으로 전의를 상실하게 하여 전투 불능 상태"로 몰아넣을 수 있다고 믿었다. 실제로 충격과 공포 작전이 시작된 첫날 미국의 전투기들은 하루에만 1천 회에 걸쳐 출격해 1천여 발의 크루즈 미사일을 쏟아부었고, 그것도 모자라 B-1, B-2, B-52와 같은 폭격기와 F-15, F-16, F/A-18, 스텔스 전투기 등 동원할 수 있는 모든 공중화력을 가동해 무차별 폭격을 가했다.

이 끔찍한 '비전'의 입안자는 이 작전이 외려 피해를 줄이기 위한 것이라 강변했다. 압도적인 화력으로 겁을 줌으로써 적의 저항력을 일거에 무력화해 조기에 전쟁을 끝내면 피해를 줄일 수 있다는 것이다. 이 엄청난 화력 시위가 초래할 오폭의 가능성을 묻는 질문에 그는 이렇게 간단히 대꾸해버렸다. "어느 것도 완전한 해결책은 없다." 모든 해결책에 따르기 마련인 그 불완전성이 지금까지 민간인 2천여 명의 생명을 앗아갔다. 도대체 이 무고한 죽음의 책임은 어디로 돌려야 할까? 살상무기의 기술적 미완성에?

전쟁은 아름답다

'충격과 공포.' 하필 미(美)의 체험을 기술할 때 사용하는 술어다. 미학에서는 미의 체험을 크게 둘로 나눈다. 아름다운 대상의 체험과 숭고한 대상의 체험. 아름다운 대상은 그 규모가 크지 않아 한눈에 파악할 수 있다. 이런 대상 앞에서 우리는 쾌적함을 느낀다. 반면 숭고한 대상은 인간을 압도하는 크기와 힘을 가진 대상을 가리킨다. 가령 광막한 사막과 끝없는 대양, 태풍과 대홍수, 대지진과 화산 폭발 등. 이런 대상 앞에서 우리는 '충격과 공포'를 느끼게 된다. 재미있게도 울만은 이 미의 체험을 기술하는 술어를 전쟁의 개념에 활용한다. 이로써 그의 미학은 일종의 전쟁미학이 된다.

전쟁을 미의 체험 대상으로 파악하는 사람들은 예전에도 있었다. 20세기 초, 이탈리아의 미래파 예술가들은 전쟁을 미의 체험 대상으로 삼았다. 이들은 고요하고 소박하며 평화로운 풍경으로 대표되는 전통의 아름다움을 거부하고, 무서운 소음과 함께 사정없이 금속화, 기계화, 속도화로 치닫는 현대문명 속에서 새로운 아름다움을 보았다. 이 새로운 아름다움이 가장 극단의 형태로 드러나는 현상, 그것이 바로 전쟁이었다. 그래서 이들은 전쟁마저 미의 체험 대상으로 간주했던 것이다. 발터 벤야민이 어느 유명한 논문에서 인용한 미래파 예술가 마리네티(Marinetti)의 선언문이다.

"전쟁은 아름답다. 왜냐하면 전쟁은 방독면, 공포감을 불러일으키는 확성기, 화염방사기와 소형 탱크 등을 빌려 버림받은 기계에 대한 인간의 지배를 굳건히 하기 때문이다. 전쟁은 아름답다. 왜냐하면 전쟁은 오래 꿈꾸어오던 인간 육체의 금속화 과정의 시대를 열어주기 때문이다. 전쟁은 아름답다. 왜냐하면 전쟁은 꽃 피는 초원을 불꽃 튀는 기관총의 열대식물로써 다채롭게 만들기 때문이다. 전쟁은 아름답다. 왜냐하면 전쟁은 총탄의 포화와 대포의 폭음, 사격 뒤에 오는 휴식, 향기와 썩는 내가 나는 냄새 등을 합하여 하나의 교향곡을 만들어내기 때문이다. 전쟁은 아름답다. 왜냐하면 전쟁은 대형 탱크, 기하학 무늬의 비행 편대, 불타는 마을에서 피어오르는 나선형의 연기와 같은 새로운 건축 구조와 그밖의 다른 건축 구조를 창조하기 때문이다. 미래파 시인들과 예술가들이여, 전쟁의 미학이 갖는 이러한 근본원리를 기억하라. 그리하여 새로운 시, 새로운 조형예술을 위한 그대들의 투쟁이 이들 전쟁미학의 근본원리에 의해 분명하게 드러날 수 있기를!"

그들이 동경하던 금속화, 기계화, 속도화의 미래는 전쟁 속에 들어 있었다. 기술의 발전은 현대인의 지각을 변화시켰고, 그렇게 '기술에 의해 변화된 지각의 예술적 만족'을, 그들은 전쟁에서 찾으려 했다. 이제 인간은 전쟁을 아름답게 느끼는 지경에까지 이르렀다. 전쟁까지도 미의 체험 대상으로 간주하는 이 극단의 예술 지상주의. 이것이 바로 파시스트들의 전쟁미학이다. "세상은 무너져도 예술은 살리라." 세상이 무너지는 곳에서 예술을 보았던 그들이 후에 무솔리니를 따라 파시스트가 된 것은 결코 우연이 아니다.

원래 과학기술은 인간을 위한 것, 생산을 위한 것이다. 그러나 그 기술로 사람들은 강이 흐를 운하를 파는 대신 인간의 무리를 참호 속으로 흐르게 하고, 비행기로 씨를 뿌리는 대신 도시에 소이탄을 뿌려 댄다. 인간을 위해 탄생한 기술이 이제 인간에게 반기를 들고 있다. 그리하여 벤야민은 말한다. "제국주의 전쟁은 기술의 반란이다." 기계가 인간에게 대항하여 반란을 일으키는 것은 SF 영화에만 존재하는 상황이 아니다. 기계의 반란은 이미 오래 전에 시작되었다. 기술을 생산이 아니라 파괴에 사용하는 도착증. 이것이 파시스트 문명이다. 그리고 자기가 만들어낸 것을 스스로 파괴하며 미의 쾌감을 느끼는 변태성. 이것이 파시스트들의 감성이다.

전쟁은 숭고하다

마리네티는 아직 "전쟁은 아름답다"고 말할 수 있었다. 엄청난 인명 피해를 낸 전쟁이었지만, 제1차 세계대전에 사용된 파괴력은 그리 큰 것이 아니었다. 공격과 수비를 반복하는 지루한 참호전 속에서 대부분의 파괴와 살육은 죽는 자와 죽이는 자가 서로 얼굴을 맞대는 지극히 인간다운(?) 방식으로

뵈클린(Arnold Böcklin), 〈전쟁〉, 1896
사도 요한이 파트모스 섬에서 본 비전. 묵시록의 네 기사(騎士)가 불타는 도시의 상공을 날고 있다. 그들의 이름은 '역병'과 '전쟁'과 '기아'와 '죽음'이다. 대체 요한은 무엇을 보았던 것일까? 소돔과 고모라처럼 하늘에서 불과 유황이 쏟아지는 현대전의 영상이 어떤 신비한 작용에 의해 그의 눈에 미리 보였던 것일까? 하늘을 날아다니며 이 땅에 환란을 가져온다는 그 네 기사의 정체는 무엇일까? 도시에 유황불을 쏟아붓는 동맹군의 폭격기?

행해졌다. 그러나 제2차 세계대전에 들어오면 상황이 달라진다. 원자폭탄은 재래식 폭탄과는 애초에 차원이 다르다. 그것의 파괴력은 더 이상 인간다운 규모가 아니라 신의 규모에 도달한 것이다. 히로시마 원폭의 '충격과 공포'를 보고, 실제로 일본인들은 저항할 의지를 잃어버렸다. 이렇게 숭고한 파괴는 그 규모와 위력으로 인간을 간단히 압도해버린다.

오늘날 인간의 자기 파괴력은 미의 영역을 벗어나 이미 숭고의 차원에 도달했다. 마리네티는 "전쟁은 아름답다"고 말할 수 있었지만, 이미 우리에게 전쟁은 더 이상 아름답지 않다. 그 대신 울만은 이렇게 말할 것이다. "전쟁은 숭고하다." 현대의 전쟁은 고전시대의 전쟁처럼 바라보는 이에게 쾌적함이 아니라 시대의 변화에 걸맞은 '충격과 공포'를 주어야 한다. 파괴는 인간다운 차원에서 벗어나 신의 차원에 이르렀다. 미에서 숭고로. 이렇게 파괴의 규모와 체험의 양상은 변화했지만, 이 변화 속에도 불변의 것으로 남는 것, 그것은 바로 전쟁을 유미화하고 그것을 아름다움으로 체험하는 변태성이다. 지금 우리가 보는 것은 새로운 형태로 한 단계 더 진화한 파시스트 전쟁미학이다.

파월은 '비전'에 대해서 얘기한다. 스승 울만이 '몇 단계 끌어 올려주었다'는 그 '비전'에 대해서 얘기한다. 비전을 가진 사람은 예술가다. 그들은 남이 미처 보지 못하는 것을 본다. 예술가는 그 비전을 물질로 실현한다. 그것을 우리는 작품이라 부른다. 울만도 남이 미처 보지 못한 비전을 갖고 있었다. 그런데 그의 예술적 창의력은 새로운 전쟁의 상을 창안하는 잔혹한 상상력으로 전락한다. 파월은 그 비전을 현실에서 물질로 실현한다. 그 작품을 지금 우리는 눈앞에서 보고 있다. 갈갈이 찢겨진 인간의 형상들, 하늘의 색깔을 새까맣게 바꿔놓는 검은 연기, 그리고 산산이 부서져내린 바스라와 바그다드의 폐허……

오늘날 미국이라는 나라가 가진 거대한 생산력은 숭고한 차원에까지 도달한 가공할 파괴력으로 나타나고 있다. 기술이 용도를 규제하는 비판의 합리성이 살상무기를 만들어내는 기술의 합리성만큼 발달하지 못했기 때문이리라. 이 두 종류의 합리성 사이에 벌어진 간극, 바로 그만큼 미국은 파시스트적이다. 독가스로 학살된 유대인 시체를 위생적이고 효율적으로 태워 없애는 소각로를 발명한 어느 나치 과학자는, 전범재판에서 자신의 발명품을 '과학 업적'으로 인정해줄 것을 요구했다. 그의 합리성은 어떤 목적을 달성하는 효율적인 수단에 관한 것일 뿐, 그 목적 자체의 정당성에 관한 것이 아니었다. 그리하여 그의 명석한 두뇌도 '왜 유대인을 죽여야 하는가' 하는 질문을 떠올리는 데에는 실패했다. 바로 그 순간 기계는 인간에 대항해 반란을 일으킨다.

즐거운 공포

'충격과 공포'가 어떻게 미의 체험이 될 수 있을까? 가령 폭풍우가 몰아치는 거대한 바다 위에 위태롭게 떠 있는 배 위에서, 어떻게 그 거대한 자연의 힘을 태연히 아름답다고 즐길 수 있을까? 여기에 대해서는 이미 오래 전에 누군가 답을 마련해놓았다. 영국의 철학자 버크에 따르면, 만약 우리가 그런 상황 속에서도 살아남는다는 보장만 있다면, 그 광포한 폭풍우도 멋진 장관으로 나타나 그것을 아름다움으로 즐길 수 있게 된다. 안전한 곳에서 바라본다면, 충격과 공포를 주는 거대한 자연의 힘에서 외려 더할 나위 없이 큰 기쁨을 맛볼 수 있다는 것이다. 그리하여 그는 숭고의 효과를 '즐거운 공포(delightful horror)'라는 모순된 감정으로 규정했다.

숭고한 미의 체험은 무한한 공포의 대상을 바라보는 데에서 커다란 기쁨을 맛본다. 울만이 태연하게 충격과 공포를 말할 수 있었던 것은 왜일까? 그의 몸이 폭격을 당하는 바그다드가 아니라 폭격을 가하는 펜타곤에 있기 때문이리라. 그의 자리는 화염에 휩싸인 로마에서 목숨을 구하려 정신없이 뛰어다니는 로마 시민이 아니라, 멀리서 타오르는 불길을 바라보며 그 장관의 형용할 수 없는 아름다움을 시로 읊었던 네로 황제의 자리다. 안전한 곳에서 바라본 바그다드 폭격은 그에게 즐거움을 준다. 안전을 보장하는 그 '거리' 때문에 파괴의 규모가 커질수록 거기서 나오는 즐거움은 더 늘어난다. '기쁨

(delight)'은 온전히 그의 것이다.

반면 '공포(horror)'는? 그것은 바그다드에서 폭격을 당하는 이라크인들에게 돌아간다. 폭탄이 떨어진 곳에서 동심원을 그리며 퍼져나가는 충격, 언제 머리 위로 덮칠지 모르는 처참한 죽음의 공포. 가족을 잃고 혼자 살아남은 어린아이, 가족의 시신이 담긴 초라한 나무 관들을 마당에 늘어놓고 처절하게 절규하는 어느 아버지, 이를 지켜보며 그와 결코 다르지 않을 제 운명을 예감해야 하는 이들의 연민과 공포. 숭고를 아름다움으로 체험하는 데에 필요한 '거리'가 결여되어 있는 곳에서는 카타르시스의 미적 효과도 불가능하다. 폭탄은 언제라도 나와 내 가족의 머리 위에 떨어질 수 있고, 그런 곳에 존재하는 것은 더 이상 가상이 아닌 실제의 충격과 공포뿐이다.

현대전과 현대예술

현대예술은 더 이상 아름답지 않다. 현대미술은 더 이상 아름다움을 추구하지 않는다. 오늘날 그림을 아름답게 그리는 것은 더 이상 미덕이 아니다. 오늘날 우리가 미술관에서 기대하는 것은 아름다운 작품이 아니다. 거기서 우리가 기대하는 것은 희한하고 해괴한 발상으로 우리에게 '충격'을 주고, 우리를 '경악'하게 만드는 작품이다. '충격과 경악'이라는 이 현대미술의 원리가 마침내 전쟁의 원리로 실현됐다. 아방가르드 예술가들이 예술과 현실의 경계를 지우고 자신들의 작품을 현실 속에 실현하기를 꿈꾸었다면, 그들의 꿈은 역설적으로 이루어졌다. '충격'과 '공포'라는 현대예술의 원리는 정말로 화랑과 박물관에서 걸어나와 우리 눈앞에서 끔찍한 현실이 되었다.

현대예술은 '유기적 통일성'이라는 낡은 미의 이상을 파괴했다. 가령 피카소와 브라크의 작품에서 현실의 총체성은 무너져내리고 작은 파편들로 흩어진다. 아방가르드 예술가들은 조각난 것을 선호했다. 이들이 예술의 가공을 통해 해낸 그 일을, 오늘날에는 폭탄이 대신하고 있다. 폭탄은 현실의 유기적 통일성을 파괴하고, 모든 것을 파편으로 만들어버린다. 그리하여 피카소의 〈게르니카〉는 더 이상 예술의 가공을 거친 '큐비즘'이 아니다. 그 작품 속에 파편처럼 흩어져 있는 인간의 신체들은, 예술의 결과가 아니라 폭격으로 산산조각이 난 어느 마을의 모습을 있는 그대로 묘사한 리얼리즘의 산물이다. 이렇게 전쟁은 큐비즘을 리얼리즘으로 만드는 역설을 실행한다.

미래파들은 모더니스트였다. 그들은 지루한 전통의 가치를 부정했다. "박물관을 폭파하라!" 지금 인류 문명이 최초로 발생한 그곳에서 바로 그들의 꿈이 이루어지고 있다. 인류의 유적은 폭격에 무너져내리고, 박물관은 약탈당하고 있다. 미래파들은 '인간 신체의 금속화'를 꿈꾸었다. 그들의 꿈은 이루어졌다. 열 감지 카메라 등 각종 센서와 스위치만 누르면 발사되는 각종 무기로 신체를 무장한 미군 병사들은 금속인간이라는 이상의 실현 그 자체다. 미래파들은 금속화, 기계화, 속도화의 미래를 동경하며 거기서 이상향을 예감했다. 유토피아는 도래했다. 불바다로 변한 바그다드, 거기에서 우리가 보는 것이 바로 그들이 꿈꾼 미래이며, 그 미래를 주도하는 미국이 약속하는 멋진 신세계다.

전쟁 아틀리에

오늘날 진정한(?) 예술의 아틀리에는 펜타곤에 있다. 바로 거기서 미래 사회의 '비전'이 창조되고, 우리는 그들이 실현하는 비전을 몸으로 살아간다. 저 가공할 파괴력의 시위를 우리가 영화처럼 감상할 수 있는 것은 아마도 우리가 그 참극의 현장에서 멀리 떨어져 있기 때문이리라. 게다가 미디어는 전쟁의 미래주의를 신나는 활극으로 묘사하면서 그 참상을 우리 영혼이 감당할 수 있는 수준으로 완화해 제시한다. CNN은 미 국방부의 요청에 따라 전쟁 피해자의 모습을 감추고, 사막을 질주하는 전차 부대의 신나는 모습을 보여주는 애국주의 저널리즘을 실천했다. 덕분에 폭격으로 머리가 반쯤 날아간 어린이의 시체 위로 파리 떼가 들끓는 모습을 미국의 시청자들은 보지 못했다.

하긴, 제대로 보도를 해도 텔레비전 화면은 애초에 거대한 참상을 전하기에는 턱없이 부족하다. 그리하여 참상은 미디어가 만들어내는 시뮬라시옹 속에서 완벽하게 사라지고, 활극만이 남게 된다. 신문을 보니 우리 어린이들이 "이라크에 가서 폭탄을 던지고 오고 싶다"고 말한다 한다. 텔레비전에서 방영하는 폭격 장면이 통쾌했던 모양이다. 이것이 바로 지각의 미래주의적 쾌감이다. 전자오락에 익숙한 아이들에게 폭격을 하는 것은 정의의 사도, 폭격을 당하는 것은 악의 무리다. 게다가 전자오락에는 폭격을 하는 게임은 있어도 폭격을 당하는 게임은 없다. 아이들이 폭격을 당하는 이라크의 민중이 아니라 폭격을 가하는 미국의 입장에 자신을 동일시하는 것은 너무나 당연하다.

어린이들만 그런가? 철모르는 어른들도 마찬가지다. 모 단체의 회원들은 미국을 위해 "참전하겠다"며 누렇고 뻘겋게 광란을 부렸다고. 하지만 이러는 동안에도 이라크에서 벌어지는 일을 남의 일 보듯 할 수 없는 사람들이 있었다. 광화문 반전시위, 한쪽 귀퉁이에는 그 지옥에 가족을 남겨두고 온 한 이라크 여인이 쪼그려 앉아 있었다. 눈에 형용할 수 없는 슬픔을 모은 채, 북받쳐오르는 감정의 전율 때문에 제대로 입도 떼지 못하고 있었다. 왜 그들은 자신을 이 가련한 여인이 아니라, 그의 가족을 학살하는 가증스런 침략자와 동일시하는 것일까?

이라크인들에게 충격과 공포는 끔찍한 일상이나, 우리에게 그것은 그저 미의 체험 대상일 뿐이다. 이라크 사람들이 찢어진 몸과 상처받은 영혼으로 고통받는 장면을, 멀리 떨어진 우리는 기껏 한 편의 오락처럼 즐기고 있다. 콜로세움에서 그리스도인들이 이리저리 쫓기다 사자 밥이 되는 것을 지켜보며 맘껏 즐거워했던 로마인들의 야만은 동시에 우리의 것이기도 하다. 인간이 진화를 했다 하나 야수의 수준에서 그리 멀리 나오지는 못한 듯싶다. 로마인들의 오락에는 차라리 앙증맞은 구석이라도 있다. 오늘날 우리는 발달한 기술의 힘으로 그 아기자기한 놀이를 대규모 스펙터클로 만들고, 발달한 미디어의 힘을 빌려 그것을 콜로세움에 모인 이들만이 아니라 전 세계적으로 즐기고 있기 때문이다.

시뮬라시옹

보드리야르였던가? 현실의 사라짐을 얘기했던 것이. 참혹한 전쟁의 현실이 전투기 조종석에 붙은 조그만 스크린 위로 사라진 것은 지난 걸프 전쟁 때부터였다. 요즘은 원폭 실험도 컴퓨터 시뮬레이션으로 대체하고 있다고 한다. 굉음도 없이, 섬광도 없이, 방사능 낙진도 남기지 않고 가공할 핵폭발이 컴퓨터 안의 사이버 공간으로 조용히 사라져버리는 것이다. 보드리야르에 따르면, 오늘날 이데올로기는 더 이상 현실을 왜곡하는 형태가 아니라, 아예 현실 자체를 사라지게 하고, 그것이 다시 등장하는 것을 막는 방식으로 이루어진다고 한다.

전쟁은 사라졌다. 조종석의 스크린 위에서. 핵폭발은 사라졌다. 사이버 공간 속으로.

그렇다고 정말로 전쟁과 핵폭탄이 사라진 것일까? 그럴 리 없다. 스크린으로 전쟁을 대신할 수 없고, 시뮬레이션으로 핵폭탄을 대체할 수는 없다. 우리의 의식 '안'에서 전쟁과 핵폭발의 가공함을 지울 수는 있어도, 그것이 우리 의식 '밖'의 참혹한 현실까지 지울 수는 없는 것이다. 하지만 그 참혹함이 우리에게 의식되지 않는다면, 그리하여 그 현실이 우리의 의식에 현실로 등장하는 것을 제지당한다면? 어차피 없어지는 것이나 마찬가지가 아닌가. 우연히 들어간 어느 24시간 편의점에서는 아예 아파치 헬기와 F-15 전투기, M1A1 에이브럼스 전차의 플라스틱 모델을 팔고 있었다. 동네 편의점까지 들어온 것을 보니 꽤 많이 팔리는 모양이다. 이렇게 전쟁은 놀이가 되었다.

전쟁을 놀이로 즐기는 것은 최근의 현상이 아니다. 인류의 가장 오래된 놀이인 '장기'는 이미 전쟁의 시뮬레이션이다. 전면에는 보병이 서고, 후방에 전차부대, 코끼리 부대, 기병대가 버텨 선다. 궁정에는 지도부를 호위하는 공화국 수비대가 있다. 하지만 최근의 시뮬레이션은 이와는 성격이 다르다. 장기판에서 포를 옮기는 것과 현실에서 포를 쏘는 것 사이에는 분명한 차이가 있다. 하지만 훈련용 기계 안에서 아파치 헬기를 모는 조종사에게 시뮬레이션 폭격과 실제의 폭격은 그렇게 뚜렷하게 구별되지 않는다. 사실 조종석의 스크린을 통해서 수행하는 전쟁은 전자오락과 거의 구별이 되지 않는다. 전쟁은 사라지고 오락만이 남는다.

그래서일까? 일본의 다국적 기업인 소니는 '충격과 공포'를 플레이 스테이션 게임의 상표명으로 사용하려고 상표등록을 신청하기도 했다. 이 게임을 하는 사람들의 사이버 체험과 헬기나 전투기 혹은 전차 속에 들어앉아서 스크린을 보며 포격이나 폭격을 하는 병사들의 전쟁 체험 사이에는 그리 큰 차이가 있을 것 같지 않다. 물론 전쟁을 게임으로 즐기려는 이 계획은 결국 세계 여론의 비난에 부딪혀 무산되고 말았다. 하지만 소니 외에도 이 상표를 등록하겠다고 신청한 게임 업체가 10여 개가 넘으며, 미국의 상표등록 담당관청은 이 업체들 중 한 곳에 '충격과 공포'란 상표를 사용하도록 허가할 것이라고 한다. 전쟁이 주는 '충격과 공포'는 현실을 증발시키며 사이버 공간으로 들어가 즐거운 게임이 되었다.

디에스 이레

사도 요한은 파트모스 섬에서 어떤 '비전'을 보았다. 아직 오지 않은 먼 훗날의 영상이 그의 눈에 미리 나타났던 것이다. 그는 대체 무엇을 보았을까? 소돔과 고모라처럼 하늘에서 불과 유황이 쏟아지는 현대전의 영상이 어떤 신비한 작용에 의해 그의 눈에 미리 보였던 것일까? 하늘을 날아다니며 이땅에 환란을 가져온다는 그 네 기사(騎士)의 정체는 무엇일까? 도시에 유황불을 쏟아붓는 동맹군의 폭격기? 알 수 없다. 어쨌든 요한 사도는 자신에게 나타난 이 비전을 '최후의 심판' 장면으로 해석했다. 땅 위의 모든 것을 절멸한 후 하늘에서 그리스도가 옥좌를 타고 내려와, 세상 모든 것의 죄를 친히 물으시는 '진노의 날'…….

부시는 자신의 전쟁을 "신의 사명"이라 불렀다. 언젠가 오실 그리스도를 대신하여 이 원숭이 종자들이 신의 진노를 흉내낸 것이다. 땅 위에 대환란을 가져온 다음에는 심판의 순간이 오는 법. 그들은 이것마저 흉내냈다. 듣자 하니 그들은 전범재판을 열어 사담의 죄를 엄중히 물을 예정이라 한다. 부시의 전쟁은 '진노의 날' 패러디며, 그의 재판은 '최후의 심판' 패러디다. 이렇게 우스운 패러디도 과학기술의 파괴력과 결합되면 결코 웃을 수 없는 거대한 비극이 된다. 심판의 날이 다가와 그분이 폭탄으로써 만백성의 죄를 엄중히 물으시리니, 얼마나 살이 떨리는가(quantus tremor).

누가 누구를 심판하겠다는 것인가. 남의 땅을 침공한 것이 누구인가. 남의 물건을 약탈한 것이 누구인가. 무고한 이들을 학살한 것이 누구인가. 수많은 아이들을 고통 속에 태어나 죽게 한 것이 누구인가. 대량 살상무기를 살포한 것은 누구인가? 심판을 받아야 할 자들이 외려 심판을 하겠노라고 나선다. 재림 예수 부시는 적그리스도다. 야훼는 질투하는 신이며, 진노하는 신이며, 복수하는 신이기에, 자신을 참칭하는 자들을 용서하지 않을 것이다. 진노한 원숭이들의 발광은 끝났고, 이제 그들은 언젠가 다가올 진짜 '진노의 날'을 기다려야 한다.

  Quantus tremor est futurus,
  얼마나 살 떨리는 일이 벌어질까…….

4장 가미카제와 여전사

오페르토리움(Offertorium)

Hostias et preced tibi Domine
laudis offerimus; tu suscipe pro
animabus illis, quarum hodie
memoriam facimus: fac eas, Domine,
de morte transire ad vitam.
Quam olim Abrahae promisisti
en semini ejus.

주여, 당신을 찬미하여
희생과 기도를 바치오니 받으소서
오늘 우리가 기억하는 영혼들을 위해.
주여, 그들을 죽음에서 생명에 이르게 하소서.
아브라함과 그 자손들에게
약속하신 대로.

가미카제와 여전사

 일본 규슈에 갔을 때의 일이다. 아내의 고향 가고시마 근처에 태평양전쟁 당시 산화한 가미카제(神風) 용사(?)들을 위한 기념관이 있다고 하여 찾아나섰다. 가는 길에 차창을 내다보니 넓은 들판 한가운데에 삼각형 모양의 화산이 서 있는 게 눈에 들어온다. 그 지방에서는 그 산을 '가고시마의 후지산'이라 부르는데, 당시 가미카제 조종사들이 자살공격을 위해 떠나면서 마지막으로 이 산에 경례를 붙였다는 사연을 간직하고 있다 한다. 죽으러 가기 전에 조국의 산하에 마지막 경례를 붙이던 그들의 심정이 어땠을까 생각하니, 괜히 나까지 덩달아 가슴이 뭉클해진다.

가미카제
 30분쯤 더 차를 몰아 기념관에 도착하니, 기념관 앞마당에 왜 바지(몸뻬)를 입은 한 어머니의 동상이 우리를 맞는다. 돌아오지 못할 길을 떠난 아들을 기다리던 어머니의 마음이 그만 그 자리에 굳어 동상에 되어버린 듯했다. 건물 안에 들어가니 먼저 최근에 인양했다는 제로센이 눈에 들어온다. 제법 야무져 보이는 것이 당시에는 최고의 성능을 자랑하는 전투기였다고 한다. 진열대에는 조종사들이 배웠던 항공 교범, 그들이 남긴 일기와 편지, 필승을 다짐하는 말과 서명이 적힌 일장기 등이 어지럽게 전시돼 있었다. 그중에는 적 함정에 충돌할 때의 비행궤도를 그려놓은 도면도 있었다.

건물 벽면에는 그때 산화한 수백 명의 영정이 나란히 붙어 있었다. 사진 밑에 이름과 나이와 출신지가 표기되어 있었는데, 나이를 보니 대개 20세에서 24세, 그러니까 성인이 되자마자 바로 전쟁터로 나간 것이다. 전쟁만 없었더라면 아직도 나와 같은 하늘 아래 살아 있을 사람들이다. 재미있게도 그 가련한 젊은이들 중에 한국 이름을 가진 조선 청년이 하나 끼여 있었다. 그를 보는 순간 만감이 교차했다. 대체 무슨 사연으로 그 대열에 끼이게 되었을까? 스스로 자살공격에 지원한 것일까? 아니면 제 의사에 관계없이 강제로 끌려간 것일까? 그리고 그는 지금 저들 틈에 멀뚱히 끼여 무엇을 하고 있는 걸까?

기념관 내부는 사진촬영이 금지돼 있었다. 주위를 둘러보니 호국영령을 모신 성스런 공간으로 여기는 분위기다. 기념관 여기저기에는 견학 온 학생들이 남긴 종이학과 꽃다발이 널려 있었고, 거기에는 '평화를 기원한다'는 내용의 리본이 달려 있었다. 하지만 도대체 이곳이 뭘 하는 곳인지 종잡을 수 없었다. 어떻게 보면 전쟁의 비극을 기념하며 평화를 기원하는 곳인 듯하고, 어떻게 보면 용감한 전쟁영웅들을 기리는 애국의 전당 같기도 했다. '평화를 기원한다'는 말도 모호하기는 마찬가지였다. 그 말로써 개전의 책임은 슬쩍 회피해버리고, 속내로는 가미카제 용사들의 초인적 애국심을 기린다고나 할까?

기념관 깊숙한 곳에는 조그만 영화관이 있어, 태평양전쟁 당시 가미카제의 전투 장면을 담은 영화를 틀어주고 있었다. 말이 가미카제지 대부분 미군의 포화에 격추되고, 전투기 한 대가 포화를 헤치고 가까스로 미군 함정에 명중한다. 그 순간 거기에 모여 있던 백발의 할아버지들이 일제히 고함을 지른다. "얏타!" 일본말로 '해냈다'라는 뜻이라고 한다. 그렇게 그들의 머릿속에서 태평양전쟁은 계속되고 있었다. 영화를 보고 나오는 노인들 눈에는 닭똥 같은 눈물이 그렁그렁 맺혀 있었다. 잘려나간 손 대신 고리를 끼고 있는 것을 보아 전쟁상이용사인가 보다. 패배한 전쟁의 수치스런 기억을 그는 그렇게 설욕하고 있었다. 오, 이 기억의 집요함이여…….

피아노와 제로센

 돌아오는 길에 처가에 들러 장인과 처남에게 "누가 저 자살공격을 계획했느냐"고 묻자, 매우 당혹스러워한다. 이제까지 그런 질문은 한 적도, 들은 적도 없었기 때문이다. 이 물음이 없어야 비로소 저들은 조국을 위해 스스로 몸을 던진 호국의 영령이 될 수 있는 것이다. 이렇게 이데올로기는 반드시 던져야 할 질문을 덮어두는 데에서 성립한다. 도대체 저 아이들을 무의미한 자살공격에 몰아넣은 사람은 누구일까? 아직까지도 나는 이 미친 작전을 기안한 자가 누구인지 알지 못한다. 그리고 아마 일본인들도 모를 것이다. 알 필요도 없고, 별로 알고 싶어하지도 않을 것이다. 아니, 알아서는 절대로 안 될 것이다.

 기념관 안에 피아노 한 대가 놓여 있었던 것도 같은데, 기억이 잘 나지 않는다. 몇 년 전 일본에서는 어느 가미카제 조종사의 얘기가 영화로 만들어져 일본인들의 심금을 울린 적이 있었다. 음대에 다니는 한 학생이 가미카제 조종사로 선발되어 떠나기 전날 밤, 강당에서 피아노로 베토벤의 〈월광〉을 연주한다. '달빛 아래 죽음과 예술이 교차하다.' 유미적(唯美的) 특성이 강한 일본 사회가 홀딱 매료될 만한 소재다. 어쨌든 그 청년은 후에 출격했다가 다행히(?) 비행기가 엔진 고장으로 불시착하는 바람에 살아남았다. 하지만 비굴하게(?) 살아 돌아온 것에 대한 사회의 멸시가 두려워 평생 정체를 감추고 숨어 살았다고 한다.

 어쨌든 생의 말년에 이상한 '커밍아웃'을 한 그 노인의 말에 따르면, 가미카제는 자원한 것이 아니라 다분히 강요된 희생이었다. 그처럼 도중에 엔진 고장으로 되돌아오는 경우에 그 자체가 부끄러워해야 할 이유가 되었다. 물론 그렇게 되돌아온 조종사는 다음 공격에 재차 투입되었기에 어차피 살아남을 길은 없었다. 기꺼이 조국을 위해 자살공격을 할 준비가 된 사람들도 가끔 있을 게다. 하지만 조종사가 된 모든 젊은이들이 앞다투어 집단으로 자살공격을 자원했다니, 좀 이상한 구석이 있다. 모르긴 몰라도 그들에게 분위기를 이용한 암묵적인 강제가 행해졌고, 그것을 거부할 용기가 없었던 젊은이들이 어차피 피할 수 없는 운명, 차라리 그것을 '자발적으로' 끌어안자고 생각했을 것이다.

 말이 전투기 조종사지 공중전에 대비한 복잡한 훈련이 필요하지는 않았을 터. 겨우 이륙해서 궤도에 따라 목표물에 부딪히는 훈련만 반복해 받은 후 실전에 투입된 첫날 곧바로 목숨을 잃어야 했던 가련한 젊은이들. 그들이 남긴 일기와 편지는 결전을 앞둔 이들의 초인 의지, 조국을 구하는 '신의 바람(神風)'이 되려 한 애국의 열정을 증언하고 있었다. 하지만 노인의 회고에 따르면, 당시에 가미카제 조종사들이 쓰는 편지와 일기는 철저히 검열을 받았다. 따라서 그 편지나 일기들이 말하는 것을 글자 그대로 받아들여서는 안 된다는 것이다. 아마도 노인은 그 자료들이 일본의 젊은이들에게 그릇된 국가주의 메시지를 던지는 것을 경계하려 했던 모양이다.

하지만 설사 검열이 없었던들, 그 젊은이들이 거기에 애국의 파토스 외에 또 무엇을 토로할 수 있었겠는가. 어차피 죽을 목숨. 그들이라고 제 죽음에 어떤 식으로든 의미를 부여하고 싶지 않았겠는가. 나라도 다르지 않았을 게다. 그게 새빨간 거짓말임을 알아도, 자신에게 그 죽음의 의미를 납득시키기 위해 스스로 머릿속을 애국심으로 세뇌했을 것이다. 하나밖에 없는 목숨을 버리는데, 아무 의미도 없이 죽을 수는 없지 않은가. 리본 위에 '평화를 기원한다'고 써 있음에도 그곳에 모셔진 가미카제 용사들은 다른 얘기를 하고 있었다. 그곳을 방문한 일본인들은 평화의 염원을 갖기보다는, 장렬히 산화한 젊은 전사들의 사무라이 미학에서 예술적 감동을 받고, 그들의 초인적인 희생 앞에서 '숭고함'의 미적 체험을 하는 듯했다.

호국의 영령들

좀 끔찍하게 들리겠지만, 우리도 어렸을 적에 폭탄을 품고 적의 전차나 토치카로 돌진했다는 '육탄 십 용사'의 얘기를 읽으며 자랐다. 조국을 위해 한목숨 바치는 것이 최상의 '도덕'이라고, 봄방학 때 받아 든 '반공도덕'은 그렇게 가르쳤다. 그밖에도 베트남전에서 부하를 구하기 위해 몸을 던져 수류탄을 끌어안고 산화한 어느 지휘관의 얘기가 기억난다. 낙하산이 펴지지 않은 부하를 구하기 위해 비행기에서 뛰어내려 함께 사망한 장교의 얘기도 배운 기억이 난다. 한강 다리 하나에는 그의 동상도 세워져 있었는데, 아직도 그곳에 엄지손가락을 곧추세운 팔을 뻗은 채 서 있는지 모르겠다. 어쨌든 이런 것을 우리는 초등학교에서 배워야 했다. 박정희를 통해 들어온 일본 군국주의 문화의 잔재이리라.

우리에게 육탄 십 용사 신화의 사실성이나 그 행위의 자발성 여부에 의문을 제기하는 것이 아직도 터부로 여겨지듯이, 일본이라는 보수 사회에서 그 나라의 국가정신을 지탱하는 가미카제의 신화에 의문을 제기하는 것은 웬만한 용기 없이는 할 수 없는 일이리라. 더욱이 가미카제 신화는 그 미학성(?)에서 육탄 십 용사와는 차원이 다르다. 폭탄을 몸에 안고 토치카로 뛰어드는 장면보다는, 아무래도 창공을 꽃처럼 수놓는 대공포화망을 헤치고 돌진하여 마침내 장렬하게 함정과 충돌하는 항공기 쪽이 훨씬 더 미적이다. 신화가 예술적인 그만큼, 신화의 둘레를 감싸고 있는 신비하고 신성한 분위기는 반드시 유지되어야 할 게다.

우리가 흔히 사용하는 '호국영령'이라는 말도 실은 일본 군국주의 문화의 잔재다. 일본인은 예로부터 다신교를 신봉했고, 때문에 일본에는 약 900만 종의 신이 존재한다고 한다. 어느 분야에서든 뛰어난 재능을 보이는 사람은 곧 '신'으로 추앙되는 전통 때문이다. 이런 문화에서는 인간이 곧 신이 될 수가 있다. 여기서 신이란 '인간 존재의 자기 완성'이라는 존재미학의 목표를 의미한다. 물론 이 존재미학은 정치에 오용되어 곧바로 군사문화로 옮겨질 수 있었다. 실제로 태평양전쟁에 나선 일본 병사들은 나라를 위해 싸우다 죽으면 신이 되어 야스쿠니 신사로 돌아온다고 믿었다 한다.

이것이 호국영령의 개념이다. 이 개념 속에서 국가를 위해 목숨을 바치라는 정치적 요구는 종교적 숭고함의 외피를 입는다. 사실 어떤 것을 위해 스스로 제 목숨을 던지는 자살공격은 더 이상 정치 현상이 아니다. 그것은 일종의 종교 현상, 더 정확히 말하면 종교 차원으로까지 올라간 극단적인 정치의식의 발로다. 정치는 현세만을 약속할 수 있을 뿐이다. 따라서 목숨을 버리라고 명령하는 정치적 요구는, 그 명령을 따르는 이들의 희생을 내세라는 종교적 약속으로 보상해야 한다. 그래서 가미카제 특공대원들은 죽어서 '신'이 되었다. 머나먼 태평양에서 호국영령이 되어 돌아와 일본인의 가슴 속에서 영원한 생명을 얻었다.

이슬람 전사들

이번 전쟁으로 졸지에 스타(?)로 떠오른 이라크의 공보장

다비드(Jacque Louis David), 〈테르모필레의 레오니다스〉 1799~1803, 1813~1814

기원전 480년 페르시아의 다리우스 왕이 그리스를 침략한다. 스파르타의 지도자 레오니다스와 그의 부하들은 죽음을 각오하고 페르시아 군에 맞서 싸우다가 전원 장렬하게 전사한다. 이들은 이 무모한 전투에서 기꺼이 자신들을 희생함으로써 동료 그리스인들에게 아테네의 방어 태세를 갖출 시간을 벌어주려고 했던 것이다. 화면 중앙에 기념비처럼 서 있는 사내가 바로 스파르타의 영웅 레오니다스다. 그림 속의 한 병사가 옥석에 글자를 새기고 있다. 거기에는 이렇게 적혀 있다. "지나가는 이여, 스파르타에 가서 그의 자녀들이 그를 위해 죽었노라고 전해다오."

관이 언젠가 미·영 동맹군에 '자살공격'을 가하겠다고 공언했다. 실제로 한 이라크 군 장교의 자살공격으로 미군 병사 넷이 숨진 데 이어, 며칠 후에는 두 명의 여성 전사가 자살공격을 감행하여 다시 세 명의 미군 병사가 숨졌다는 소식이 있었다. 미국과 영국의 언론은 이것이 마치 임신부를 인질로 잡은 테러인 양 보도했으나, 나중에 그 '임신부' 역시 순교를 자원한 전사였던 것으로 밝혀졌다. 한 손엔 코란을, 다른 손엔 소총을 들고 결연하게 순교를 맹세하는 장면이 아랍 측 방송을 타고 흘러나왔다. 제 목숨을 던져야 비로소 제대로 표현할 수 있는 증오는 도대체 어떤 종류의 미움일까?

서구인들은 이 장면을 보고 '경악'했을 것이다. 내게도 이 보도는 충격이었다. 여성이 자살공격을 결심했다는 사실도 그렇지만, 그보다는 '임신부'라는 말이 그 맥락에서 매우 끔찍하게 들렸기 때문이다. 어떤 상황에서도 뱃속에 든 생명을 보호하는 게 어미의 본능일 터, 자신의 목숨을 버리는 것이야 자유의지라 해도, 자신의 결정에 아기의 목숨까지 걸 필요는 없지 않은가. 여기서 서구인들, 특히 영국인과 미국인들은 아마도 이슬람 문명의 잔인함이라는 결론을 끌어낼지도 모르겠다. 물론 그 여인이 정말로 임신부였는지, 아니면 미군 병사들을 유인하기 위해 임신부처럼 연기한 것인지는 알려지지 않았다. 아직도 궁금하다. 어느 쪽이었을까?

어쨌든 압도한 화력을 자랑하던 동맹군이 유일하게 두려워했던 것이 자살공격이었다. 공포는 인간을 잔인하게 만드는 법. 몇 차례의 자살공격에 겁을 먹은 동맹군은 의심이 가는 차량을 향해 무차별 발포를 했다. 다행히 바그다드에서 이라크가 공언하던 순교의 물결은 일어나지 않았다. 별 희생 없이 바그다드에 진입한 동맹군은 자살폭탄용 재킷 수백 개를 발견했다. 그중에는 이미 폭약이 채워져 있는 것도 있었다고 하나, 공격은 끝내 실행되지 않았다. 그것으로 보아 자살공격이 조직적으로 강요된 것은 아닌 모양이다. 다만 정치적, 종교적 확신에서 순교를 결심한 몇몇 사람이 있었을 뿐이다. 그런데 그들의 순교는 과연 할 만한 가치가 있었던 것일까?

어떤 것의 가치는 그것을 팔아먹는 자들이 가장 잘 아는 법이다. 사담 후세인은 텔레비전에 나와 "순교할 기회를 놓치지 말라"고 외쳤다. 하지만 그렇게 외치던 후세인 자신을 보자. 순교할 절호의 기회가 왔지만, 어디 그 천금 같은 기회를 활용하던가? 하긴 그의 천국은 이미 지상에 있기에 따로 천국에 갈 필요가 없었을 게다. (도쿄 전범재판을 보면서도 비슷한 생각을 한 적이 있다. 남에게 '옥쇄'를 권하던 A급 전범들은 왜 사무라이답게 자결을 하지 않고 구차하게 살아남았을까? 신이 되어 영생할 수 있는 기회를 왜 스스로 내던져버렸을까?) 어쨌든 천국의 외판원은 순교도 하지 않고 어디론가 사라져버렸다. 어디로 갔을까? 엘리야처럼 회오리바람에 실려 산 채로

승천한 것일까?

다신교와 일신교

 자살공격은 전세가 불리한 쪽에서 사용하는 전술로, 그 자체가 그들의 좌절과 절망을 반영한다. 그것은 압도하게 우세한 적 앞에서 택할 수 있는 유일한 저항수단이자 절망에 빠진 자들이 가질 수 있는 마지막 희망이다. 여기서 정치의식은 극단화하여 종교와 하나가 된다. 그것은 정상의 방법으로는 이룰 수 없는 군사 목표를 달성하기 위해 종교의 힘을 빌린다. 그 가망 없는 몸짓으로 기적의 창조를 바라는 것도 실은 종교적 심성에 가깝다. 전사들은 순교자가 된다. 이 점에 관한 한 가미카제와 이슬람 자살특공대는 서로 다르지 않다. 나아가 자유주의가 발달한 서구 사회가 아니라, 강한 집단주의와 공동체 의식을 가진 사회를 배경으로 한 전술이라는 점에서도 둘은 일치한다.

 하지만 일신교와 다신교의 차이에 해당한다고나 할까? 다른 한편 신도를 바탕으로 한 가미카제와 이슬람을 원용한 자살특공대 사이에는 차이가 있다. 가령 일본은 고대 그리스처럼 다신교 문화를, 반면 이슬람은 유대의 헤브라이즘처럼 강력한 일신교 문화를 갖고 있다. 일본에 고대 그리스처럼 선악의 피안에 서 있는 '신화'가 있다면, 이슬람에는 유대의 그것과 뿌리를 같이하는 고도로 발달한 '신학'이 있다. 일본 문화에서 신과 인간 사이의 거리가 그리 멀지 않다면, 이슬람에는 절대자와 유한자 사이에 넘을 수 없는 심연이 가로놓여 있다. 이 문화의 차이가 자살공격에 각기 다른 색깔을 부여한다.

실러의 말대로 "신들이 더 인간다웠을 때, 그때 인간은 더 신적이었다." 신들의 이야기가 있는 문화에서는 인간이 제 존재를 신의 경지로 끌어올리는 것을 삶의 최고 목표로 삼는다. 이런 사회의 문화는 자연스레 유미적 성격을 띠게 된다. 신화 속의 신들은 선악의 도덕에 구애받지 않기에, 신이 되고 싶은 인간들은 '선(善)'이 아니라 '우수함'을 최고의 미덕으로 간주한다. 인간의 한계를 초극하여 신이 되려는 자들의 행위를 규제하는 것은 인간의 '도덕'이 아니라 초인의 '미학'이다. 가미카제가 주는 감동은 윤리적 감동이 아니라 예술적 감동. 그것은 '신에 대한 헌신과 희생'이라는 종교적 코드가 아니라, '인간의 자아 초극'이라는 존재미학에서 흘러나온다.

이슬람 자살특공대는 다르다. 가미카제가 '영웅'이라면, 이슬람 자살특공대는 '순교자'다. 가미카제가 희생으로 제 존재를 '완성'하려 했다면, 이슬람 자살특공대는 신에게 바치는 희생으로 제 존재를 '포기'하려 한다. 가미카제가 죽음이라는 인간의 한계를 넘는 '초인'의 경지로 자신을 끌어올린다면, 이슬람 자살특공대는 한갓 신의 뜻을 실현하는 '소도

구'로 자신을 끌어내린다. 가미카제가 극단의 '우월함'이라는 미학을 실천한다면, 이슬람 자살특공대는 마찬가지의 극단성을 가지고 '겸손함'의 도덕을 실현한다. 가미카제가 인간 세계에서 '불멸의 명성'을 얻어 영원성에 도달한다면, 이슬람 자살특공대는 자살의 대가로 신으로부터 천상에서 영원한 생명과 낙원을 약속받는다.

자연, 인간, 기술

개인주의가 발달한 문화 속에 사는 사람들에게는 끔찍하게 느껴질지 모르나, 적어도 자살공격을 낳은 공동체의 성원들에게 집단을 위한 전사들의 자기 희생은 '숭고'하게 여겨질 것이다. '숭고함'의 체험이 인간의 척도를 넘어서는 엄청난 크기나 힘 앞에서 느끼는 외경의 감정이라 할 때, 제 생명을 내던져 공동체를 구하는 이 전사들의 의지는 분명히 인간의 척도를 넘어선 것이다. 따라서 그 공동체의 성원들이 이 영웅 혹은 순교자들의 살신성인을 보며 숭고함을 체험하는 것은 이해할 만하다. 숭고함은 감정을 격동시키고 정신을 도취시키며, 다른 이에게 그것을 따라 배우라고 촉구한다.

칸트에 따르면, 진정 숭고한 것은 자연이 아니라 인간이다. 가령 위험한 상황 속에서도 타인의 목숨을 구하려 제 목숨을 버리는 이들이 종종 있다. 자연법칙은 우리에게 위험에서 벗어나 생명을 보존하라고 명령하나, 인간이라는 존재는 이렇게 생물의 본능을 이기고 도덕법칙에 따라 행동하곤 한다. 물리적 존재로서의 인간은 자연법칙에 매여 있을지 모르나, 도덕의 주체로서 인간은 자연법칙을 뛰어넘어 자유롭다. 자연의 위력은 인간의 물리적 존재, 즉 신체를 파괴할 수 있을지 모르나, 내면의 도덕성을 파괴하지는 못한다. 고로 도덕의 주체로서 인간은 자연보다 위대하다. 기술의 발전 수준이 높지 않았던 시절, 칸트는 이렇게 자연의 적대적인 힘을 '심리적으로' 극복하려 했다.

오늘날 자연은 더 이상 숭고하지 않다. 인간의 기술 발전이 외려 자연을 파괴하는 단계에 이르렀기 때문이다. 과거에는 자연이 인간을 위협했다면, 이제는 인간이 자연을 위협하고 있다. 아니, 정확히 말하면 기술이 자연과 인간 모두를 위협하고 있다고 해야 할 게다. 과거에 인간의 기술로 통제할 수 없는 자연이 차지했던 자리를 이제는 인간의 이성으로 통제할 수 없는 기술이 차지하고 있다. 오늘날 숭고한 것은 기술이다. '충격과 공포' 작전에서 우리는 숭고함의 경지에 도달한 기술의 파괴력을 본다. 이 압도한 파괴력에 대항할 기술이 없는 사회의 성원들은 이 거대한 제2의 자연에 도대체 무엇으로 맞서야 할까?

이슬람의 칸트는 말할 것이다. '진정으로 숭고한 것은 기술이 아니라 인간이다. 가령 조국이 위험에 처했을 때 나라를 구하려 제 목숨을 버리는 이들이 있다. 자연법칙은 우리에게 위험에서 벗어나 생명을 보존하라고 명령하나, 인간은 이렇게 생물의 본능을 이기고 신의 율법에 따라 행동할 수가 있다. 물리적 존재로서 인간은 기술에 패배할지 모르나, 종교의 주체로서 인간은 기술의 논리를 뛰어넘어 자유롭다. 기술의 위력은 인간의 물리적 존재, 즉 신체를 파괴할 수 있을지 모르나, 내면의 종교성까지 파괴하지는 못한다. 고로 종교의 주체로서 순교자는 기술보다 위대하다.' 칸트가 통제할 수 없는 자연의 힘을 심리적으로 극복한 것처럼, 통제를 벗어난 기술의 힘도 이렇게 심리적으로 극복할 수밖에 없지 않은가.

두 개의 숭고함

누구더라, 원폭의 섬광을 "신의 윙크"라 했던 것이? 실제로 원폭의 위력은 신이 자연 속에 감추어놓은 창조의 비밀을 훔친 자가 만들어낸 초인적인 규모의 파괴력이다. 원폭의 섬광은 실로 인간의 척도를 초월하여 신의 규모를 갖는다. 하지만 정확히 말하면 그것은 신의 윙크가 아니라, 신의 지위를 넘보는 자, 바로 '악마'의 징그러운 윙크라 할 수 있다. 악마는 거대한 카메라의 셔터를 눌러 플래시를 터뜨리고, 수 킬로미터 상공까지 버섯구름을 솟아오르게 하고, 그 밑의 모든 것은 거대한 용광로 속에 집어넣어 지글지글 끓어오르게 하고, 주변의 산소를 빨아들였다가 다시 내뿜어 지상에 서 있는 모든 것을 날려버린다. 부시는 히로시마의 전쟁미학을 이라크에서

재현하려 했다.

제2차 세계대전 당시 원래 미군은 '충격과 공포' 효과를 위해 원자폭탄을 무인도에 떨어뜨릴 생각이었다. 하지만 맨해튼 계획에 참여했던 한 과학자가 "효과를 보려면 폭탄을 사람이 사는 곳에 떨어뜨려야 한다"고 주장했고, 그 주장대로 폭탄은 히로시마와 나가사키에 떨어져 기대하던 효과를 거두었다. 그토록 격렬히 저항하던 일본 군부도 단 두 개의 폭탄에 깊은 감명을 받는다. 원폭을 민간인 거주지역에 떨어뜨려야 한다고 했던 오펜하이머는 순수 기술 면에서는 현명했다. 충격과 공포 작전이 이라크에서 애초에 노렸던 효과를 보지 못한 이유는, 그 폭격이 민간인을 겨냥하지 않았기 때문이다. 따라서 충격과 공포 효과는 일정하게 제한될 수밖에 없었다.

반면 미·영 동맹군은 또 다른 종류의 충격과 공포 효과를 체험해야 했다. 이라크 군의 '자살공격'이 그들에게 깊은 인상을 주었던 것이다. 자살공격은 개인주의 문화를 배경으로 자라난 미국과 영국군 병사들에게는 아마도 상상할 수 있는 한계 밖에 있는 현상이었으리라. 대의를 위해서 스스로 제 목숨을 끊을 수 있다는 이슬람의 윤리, 그 역시 인간의 상상 규모를 초월한 것이고, 그 앞에서 앵글로색슨 병사들은 아마도 또 다른 형태의 숭고한 '충격과 공포'의 감정을 체험했을 것이다.

가공할 파괴력을 무기로 한 가학의 숭고함과 초인간적 희생을 무기로 한 피학의 숭고함. 한쪽은 첨단 과학기술을 이용해 숭고한 효과를 연출하고, 다른 쪽은 봉건적이고 종교적인 심성을 동원해 또 다른 숭고한 효과를 연출한다. 한쪽에는 감정이 메마른 차가운 과학적 합리성이라는 괴물이 서 있고, 다른 한쪽에는 뜨거운 파토스로 가득 찬 종교적 비합리성이라는 괴물이 서 있다. 이 두 괴물이 서로 맞붙어 인간의 척도를 넘어서는 숭고한 규모를 자랑한다. 이라크 전선에서는 이렇게 두 개의 숭고함이 부딪치고 있었다.

초기 전략에 차질이 생겨 전선이 교착상태에 빠졌을 때 워싱턴의 한 전쟁광은 말했다. "우리 동맹군이 어떠한 경우에도 '가공할 무기'를 사용하지 않을 것이라는 예상은 맞지 않을 수도 있다." 아마도 원폭에 맞먹는 파괴력을 자랑한다는 신형 폭탄을 가리키는 듯하다. 이제까지 '숭고함'의 시늉만 냈다면, 이제 본격적으로 '숭고'하겠다는 얘기다. 이에 맞서 다른 쪽에서도 숭고함의 심리전을 강화했다. 극도의 과학적 합리성에 대항할 수 있는 것은 극도의 종교적 비합리성뿐. 다른 쪽에서는 순교를 각오한 수천 명의 자살특공대가 동맹군 병사들을 기다리고 있노라고 엄포를 놓았다. 정말 이 약속이 이루어졌다면, 알라는 천국에 이들 순교자들을 위한 공간을 마련하느라 매우 바빴을 것이다.

숭고함의 미학과 윤리는 정치적으로 겁탈당하여 전쟁의 원리가 되었다. 침략자와 독재자는 인간의 척도를 넘어선 이 두 개의 숭고함으로 서로 '충격과 공포'를 안겨주려 했다. 하지만 이 숭고한 놀이의 대가를 몸으로 치러야 했던 사람들은? 그들은 결코 숭고하지 않은 민간인들이었다. 침략자의 파괴력을 방어할 고도의 기술도, 순교하라는 독재자의 요구에 부응할 광적인 신앙심도 없는 사람들. 그저 평균 수준의 합리성과 평균 정도의 종교성을 가진 사람들. 그렇게 평범한 남자들, 여인들 그리고 아이들. 그리하여 인간적인, 너무나 인간적인 사람들…….

주여, 그들을 죽음에서 생명에 이르게 하소서.

5장 팍스 아메리카나

상투스(Sanctus)

Sanctus, sanctus, sanctus
Dominus Deus Saboath
Pleni sunt ceoli et terra gloria tua
Hosanna in excelsis
Sanctus
Benedictus qui venit in nomine Domini
Hosanna in excelsis
Sanctus

거룩, 거룩, 거룩
만군의 주 하느님
하늘과 땅에 당신의 영광이 가득 차고
지극히 높은 곳에서 호산나
주의 이름으로 오시는 자는 복이 있나니
지극히 높은 곳에 호산나
거룩

팍스 아메리카나

 원폭을 연상시키는 버섯구름이 피어오르는 바그다드. '지옥을 방불케' 하는 그 도시의 지붕 밑에서 공포에 떠는 바그다드. 공습으로 머리의 반쪽이 날아간 채 누워 또다시 파리떼의 공습을 받는 여덟 살 어린이. 다친 딸을 끌어안고 "이 아이의 미래가 어디에 있냐"고 절규하는 어머니. 얼마 전까지는 살아 있었으나 이제는 자동차 속에서 새카만 숯덩이로 변한 어느 가족. 이런 참극 앞에서 글을 쓴다는 사람이 태연히 "미국의 전쟁은 정당하다"고 말하는 것을 듣는 것은 그야말로 초현실주의적인 상황이다.

 이 해괴한 감성을 가진 문인은 한때 '영어 공용화론'으로 사회를 시끄럽게 한 후 알 수 없는 이유에서 아직까지 한글로 책을 쓰고 있는 복거일 씨다. 도대체 우리는 언제까지 그의 헛소리를 민족어로 들어야 하나? 어느 신문에서 주최한 대담에서 그는 '후세인은 독재자이며 쿠르드족을 학살한 범죄자이며, 따라서 미국의 이라크 침공은 정당하다'는 논리를 폈다. 그 논리란 누가 봐도 속 들여다보이는 헛소리이며, 유엔에서 인정을 받는 데에 실패했으며, 그 억지스러움의 가공할 수준 때문에 이미 전세계의 비웃음을 받는 바로 그것이다.

오늘날 독재자 후세인을 만든 것은 미국이며, 그 미국이 후세인의 생화학무기가 이란을 향할 때는 속으로 쾌재를 불렀고, 그 독가스가 정작 쿠르드족을 학살할 때는 과감하게 묵인해주었다는 것을, 그는 정말 모르는 것일까? 아니면 알면서 저렇게 징그럽게 넉살을 부리는 걸까? 이 더러운 전쟁의 진짜 목표가 이라크의 유전을 접수하고, 친미 괴뢰정권을 세워 이란과 시리아를 견제하는 데에 있다는 것을 그는 정말로 모르는 것일까? 아니면 괜히 모르는 척하는 것일까? 만약 전자라면 머리가 나쁜 것이고, 후자라면 양심이 불량한 것이리라.

한때 그는 자신이 "자유주의자임을 자랑스럽게 생각한다"고 했다. 그런데 폭탄과 미사일로 석유라는 재화를 확보하는 게 그가 숭상하는 시장의 원리란 말인가? 이라크 국민의 뜻도 묻지 않고 그들이 원하지 않는 미제 괴뢰정권을 세워주는 것이 그가 신봉하는 자유주의의 원리인가? 반전시위를 한다고 노벨 평화상 수상자의 손에 수갑을 채우고, 반전평화를 외치는 사람들을 매국노라 매도하고, 이견을 가진 사람들에게 집단으로 린치를 가하며, 신문과 방송이 정부의 통제를 얌전히 받아들여 한목소리로 전쟁을 찬미하는 저 광적인 '애국주의'가 그가 신봉하는 '자유'인가?

그는 이 파렴치한 침략전쟁에 우리의 젊은이들을 보내야 한다고 주장한다. 잘려나간 소년의 머리, 떨어져나간 소녀의 두 발 따위는 이 문인의 감성을 조금도 건드리지 못한다는 것을 나는 안다. 그 학살의 공범이 되는 데에 따르는 윤리적 죄의식 따위도 그에게는 전혀 논거가 되지 못한다는 것을 나는 안다. 그렇다면 이 자칭 자유주의자를 이렇게 설득해보자. 우리의 헌법은 침략전쟁을 부인한다. 그 잘난 한미동맹조차도 침략전쟁에서까지 서로 도와야 한다고 말하지는 않는다. 이라크전 파병은 자유주의자들이 생명으로 아는 이 '절차적 민주주의'를 위반한 것이다. 이렇게 말하면 그에게 과연 논거로 인정받을까?

영어의 공용어화를 주장하면서 그는 단지 언어만 바꾸자고 얘기한 게 아니다. 그는 동시에 팍스 아메리카나의 유토피아를 우리에게 약속했던 것이다. 그리고 우리는 이 자유의 선교사가 설교하던 유토피아가 어떻게 생긴 것인지 지금 생생하게 지켜보고 있다. 이 유토피아의 도래를 축하하기 위해 스텔스와, B-52와, F-16과, 크루즈 미사일이 연출하는 밤하늘의 장엄한 불꽃놀이. 전차와, 장갑차와, 군용 차량과 무장한 수십만의 병력이 벌이는 퍼레이드. 저것이 아메리카가 약속하는 '팍스(pax)', 바로 미제 평화다. 그리고 저것이 우리에게 그 문인이 약속하는 멋진 신세계다.

"자유는 공짜가 아니다(Freedom is not free)." 전쟁을 찬양하는 자들은 종종 이렇게 말한다. "평화는 공짜로 얻어지는 것이 아니"라고도 한다. 그래, 그 말은 참이다. 역설적으로 참이다. 그 자유가 공짜가 아니기에 이라크 사람들은 그 미제 자유의 대가를 목숨으로 지불하고 있으며, 그 평화 역시 공짜가 아니기에 그 미제 평화의 대가를 진한 피로써 지불하는 중이다. 아메리카의 '팍스'는 이렇게 무고한 자들의 피로써 유지되는 것이며, 지금 세상 돌아가는 꼴을 보건대 앞으로도 영원무궁하게 그럴 것이다.

정당한 불법

침략을 정당화하기 위해 그는 세계화의 논리를 동원한다. 그동안 "민족국가의 주권 개념이 상당히 희석되었다"는 것이다. 그렇다면 민족국가의 주권에 시비를 걸 권리는 누구에게 있는가? 정상적인 사고를 하는 사람이라면 당연히 그 권리를 국제기구에 돌릴 게다. 하지만 그는 판단의 최종심급을 유엔으로 보지 않는다. 유엔조차 '민족국가의 주권'이라는 원칙 위에 서 있기 때문이란다. 그럼 누가 국경과 국제기구의 한계를 넘어, '민족국가의 주권'을 침해할 권리를 갖는가? 한마디로 미국이라는 특정한 '민족국가'다. 그렇다면 도대체 미국은 이 권리를 어디서 부여받은 것일까? 그들의 주장대로 하느님으로부터?

미국은 유엔의 결의 없이도 스스로 다른 민족국가의 주권을 침해할 권리를 갖는다. 이 보편적 침략권을 '정당한 불법'으로 미화하기 위해 그는 "미국과 동맹국들이 문제가 된 주권국가의 정권과 인민을 명확하게 구분했다"고 강변한다. "이번 공격에 '이라크 자유 작전'이라는 이름이 붙은 데서 그 점이 잘 드러난다"는 것이다. 농담을 해도 너무 진지하게 한다. 그런 식의 논리라면, 일본이 일으킨 태평양전쟁이 아시아인을 위한 성전이었다는 점은 그들의 전략에 '대동아 공영권'이라는 이름이 붙은 데에서 잘 드러난다고 해야 할 것이다. 히틀러도 소련을 침공할 때 정권과 인민을 구별하고, 스탈린 정권의 학정으로부터 소비에트의 인민을 해방한다는 명분을 내세웠다.

그 역시 이번 전쟁이 유엔의 승인을 받지 못한 '불법'임을 안다. 그래서 '불법' 역시 때로는 정당하다고 주장한다. 하지만 이 전쟁이 왜 '불법'이 되었을까? 그 명분이 '정당'하지 못했기 때문이다. 이 사실을 그는 애써 무시한다. 이라크에 대량 살상무기가 있다는 것이 그들이 내세운 명분이었고, 이는 국제적으로 정당성을 인정받지 못했다. 그래서 그 전쟁이 '불법'이 된 것이다. 전쟁이 끝났어도 대량 살상무기는 발견되지 않았고, 설사 그게 발견되어도 수도가 함락되는 위기상황에서조차 사용하지 못했다면, 그게 미국과 세계평화에 결코 '명백하고 현존하는' 위험이 될 수는 없다. 이렇게 명분이 딸리자 미국이 부랴부랴 동원한 논리가 바로 '이라크의 해방'이었다.

언제부터 미국이 이라크 인민의 자유에 관심을 가졌던가? 전세계 모든 독재정권을 옹호한 게 미국 아니던가? 도대체 전세계에서 미국의 지원을 받지 않은 독재정권이 있었던가? 후세인이라는 독재자를 서아시아의 실력자로 키운 것이 누구였던가? 미국이다. 어느 잡지의 사진 속에서 "이라크의 자유"를 외치는 럼스펠드 국방장관은 독재자 사담 후세인과 다정하게 악수를 하고 있었다. 그때는 이라크인들이 자유로웠던가? 게다가 미제 폭탄이 언제 '정권과 인민을 명확하게 구분'하던가? 정밀하다는 미군의 폭격으로 사망한 것이 어디 정권 수뇌부던가? 무참히 학살된 1,300명의 희생자, 5천 명의 부상자는 모두 그들이 해방시킨다던 '인민'들이었다.

미국이 왜 이 전쟁을 일으켰는지는 전세계가 안다. 이라크의 유전을 차지하여 에너지의 안정 수급을 꾀하고, 전쟁으로 무기의 수요를 창출함으로써 군산복합체의 이권을 보장하고,

이라크의 석유로 비용을 댈 재건사업에서 공화당계 기업에 특혜를 주고, 이라크에 친미정권을 세워 시리아와 이란을 견제하여 서아시아에서 미국의 패권을 공고히 한다는 것 등. 그의 머릿속에는 어린아이들도 다 아는 이 사실이 모조리 빠져 있다. 그 빈 부분을 미국이 억지로 갖다붙인 명분으로 채우고, 그 허울을 그는 글자 그대로 신봉한다. 공화당 매파들도 —모자라는 바보가 아닌 이상—자기들이 하는 거짓말을 스스로 믿지는 않을 게다. 유일하게 그만 그걸 믿는다. 이 불신의 시대에 놀라운 신심이다.

지나가는 개가 웃을 정도의 명분으로 '민족국가의 주권'은 가차없이 무시된다. 그 명분의 정당성을 판단할 권리는 유엔이 아니라 미국에게 돌아간다. 하지만 다른 나라와 달리 미국이라는 '민족국가의 주권'은 절대 침해될 수 없다. 환경문제에 관한 도쿄 협약 등 수많은 국제간 약속들을 '민족국가의 주권'에 대한 침해라며 일방적으로 파기해온 미국의 행태. 그것은 결코 그에게 비판의 대상이 되지 않는다. 왜? 미국은 심판의 대상이 아니라 주체이기 때문이다. 미국은 정의라는 저울에 달아올려지는 대상이 아니라, 그 저울을 손에 들고 최후의 심판을 연출하는 대천사 미카엘이기 때문이다. 미국이 정의이며, 정의는 미국이다. 이쯤 되면 정치의식이 아니라 종교신앙이라 해야 한다. 오, 거룩, 거룩, 거룩. 만군의 주 아메리카여……

친미와 친일

여기서 그치는 게 아니다. 그는 이 위험한 논리를 무책임하게도 북한과 미국의 관계에 그대로 적용한다. 그의 말을 들어보자.

"이 개념은 북한에 그대로 적용될 수 있다. 북한의 군사적 위협이 너무 커지면 북한의 주권은 이라크의 경우처럼 무력에 의해 제약될 수 있다. 북한의 위협에 대해 군사적 대응도 배제하지 않는다는 미국의 태도에 이런 가능성이 담겼다. 그리고 미국은 북한의 현 정권이 북한 인민들의 복지와 생존에 해롭다는 사실을 이미 강조해왔고, 앞으로는 북한의 현 정권과 인민들을 보다 명확하게 구분해서 다룰 것이다. 특히 이라크 전쟁이 깔끔하게 마무리되면 미국은 이길을 머뭇거리지 않고 걸을 것이다."

미국이 이라크 다음으로 북한을 표적으로 삼아 북폭을 단행하면, 그 옆에서 열렬히 박수라도 칠 태세다. 기가 막힐 노릇이다. 정말 그는 미국의 폭탄이 그렇게 정밀해서 '북한의 현 정권과 인민을 명확하게 구분해 폭격할 것'이라 믿는 것일까? 그는 북폭으로 시작될 전쟁이 정말 김정일 정권의 수뇌부만 제거하고 깔끔하게 끝날 것이라 믿는 것일까? 도대체 이 철없는 확신은 어디서 나온 것일까? 아마도 미국인보다 더 미국인이 되고 싶어하는 그 특유의 심리적 동일화의 기제에서 나온 것이리라.

 김영삼씨도 1994년 북핵 위기 때 전화통을 붙잡고 미국의 북폭을 만류했다. 한나라당의 가장 보수 인사들도 북폭을 원하지 않을 게다. 미국 공화당에서도 "이라크와 북한은 다르다"며 북한에 대한 무력공격을 공식 부인하고 있다. 왜? 무력으로 북한의 주권을 침해하는 것이 한반도에 어떤 가공할 사태를 초래할지 알기 때문이리라. 그런데 우리의 영어 공용화론자는? 그의 관점은 미국의 폭격을 당하는 북한 인민이나, 그로 인해 발발할 전쟁으로 초토화될 남한 민중의 것이 아니다. 오직 철저하게 미개한 한국어 사용자들의 머리 위에 폭탄을 쏟아붓는 미 공화당 매파의 시각이다. 왜 하필 공화당 극우파와 자신을 동일시할까? 자기 소외를 일으킬 정도로 필사적인 이 동일시 열망. 어디서 비롯한 것일까?

 그의 극단성은 그가 구사하는 어법에서도 드러난다. 우리 국민의 약 80%는 미국의 이라크 침공이 정당하지 않다고 대답했다. 파병에 관해서는 반대 의견이 과반수를 좀 넘는 것으로 조사됐다. 전쟁에는 반대하나, 파병은 어쩔 수 없는 현실로 받아들이는 사람들이 꽤 있다는 얘기다. 파병 찬성론자들은 대개 도덕적 부당함에 현실의 불가피성을 대립시킨다. 윤리적으로 부당하나 파병하지 않을 수 없다는 것이다. 하지만 그는 다르다. 그는 파병 자체를 도덕적 당위라 선언한다. 침략을 돕는 것이 도덕적 의무라는 것이다. "이라크 파병은 의무다. 단순히 국익을 위한 차원에서뿐만 아니라 국제사회의 질서를 유지하기 위한 의무다. 도덕적 지지는 당연하고 실질적 도움을 줘야 한다."

'친일파'라는 사람들이 그렇게 독특한 부류는 아니었나 보다. 어차피 당시에 조선은 힘이 없고, 아시아의 패권은 일본에 있었다. 대항하느니 차라리 '팍스 야포니카'에 편입해 실익을 구하는 게 낫다. 그렇게 살 바에는 번거로운 조선어를 버리고 일본어를 공용어 삼는 게 유리하고, 소설을 써도 일본에서 인정받도록 일본어로 쓰는 게 낫다. 게다가 일본은 '귀축영미'로부터 아시아의 자유를 보호해주는 나라가 아닌가. 따라서 '대동아 공영'을 위한 성전을, 학도병과 정신대 자원으로 돕는 것이 아시아인의 도덕적 의무가 아니겠는가. 복거일씨의 주장이 오늘날 별 무리 없이 받아들여지듯이, '귀축영미'에 '대동아 공영'을 외치며 학병과 정신대 자원을 권유하던 이들의 행태도 당시에는 전혀 이상한 게 아니었을 게다.

한미동맹교

일제시대에 '내선일체'가 있었다면, 오늘날에는 '한미동맹'이 있다. 전쟁 후 수십 년 동안 우리 사회의 국시처럼 통하던 신앙이라, 그 광적인 열정이 실로 종교를 방불케 한다. 실제로 몇 달 전 시청 앞 광장에는 전국에서 버스를 타고, 몰려든 기독교 반공주의자들의 난장판이 벌어졌다. 하필 3·1절에 성조기를 걸어놓고 미국을 위해 기도할 건 또 뭔가? 바리새인들처럼 요란하게 통성기도를 하는 한미동맹교 신도들. 도대체 저들이 믿는 신이 내가 믿는 하느님과 같은 분이라니, 매우 당혹스럽다. 왜 저들은 미국이 하느님이나 되는 양 저렇게 광적으로 그 나라에 충성을 맹세하는 걸까? 저 해괴한 신앙은 도대체 어디서 나온 것일까?

우리나라의 개신교는 미국식 복음주의의 영향으로 매우 극성스럽다. 거기에 토속 샤머니즘의 전통이 겹쳐져 그 신앙은 광기에 가까울 정도의 과도한 열정을 띤다. 게다가 보수교단에는 북한에서 탄압을 받아 월남한 이들이 있다. 이 실향민 정서가 사회 보수층의 이데올로기와 맞물리면, 그 종교 열정은 이제 반공의 광기로 승화한다. 기독교 반공주의의 선악이원론에 따르면 북한은 사탄, 미국은 천군 천사다. 따라서 광화문에서 열린 반미 촛불시위가 그들의 눈에는 사탄의 역사로 보였을 테고, 그 앞에서 그들의 신심은 반공 샤머니즘의 광란으로 표출되었던 것이다. 뻘겋고 퍼런 성조기, 뻘겋고 노란 해병대 군복과 십자가. 이 조합은 오직 대한민국에서만 볼 수 있는 엽기적 구성이다.

로마 교황청은 이번 전쟁을 단호히 성토했다. 독일의 개신교도 이 전쟁을 침략전쟁으로 규정했다. 부시가 속한 미국의 개신교단도 전쟁에 반대했다고 한다. 굳이 기독교인이 아니더라도 도대체 이번 전쟁은 양심을 가진 사람이라면 도저히 찬성할 수가 없는 것이다. 그런데 성조기를 내걸고 미국을 위해 통성기도를 올리던 그 많던 우리나라의 기독교인들. 그들은 다 어디에 갔는가? 왜 그들의 모습은 반전평화를 염원하는 현장에는 보이지 않는 것일까? 왜 그들의 고귀한 분노는 미국이 저지른 범죄 앞에서는 맥없이 사그라지는 것일까? 침략자를 향한 그 사랑의 10분의 1이라도 죄 없이 죽어가는 이라크 사람들에게 나눠주면 안 되는 것일까?

인도의 어느 문인이 종교적 광신이라는 점에서 빈 라덴과 조지 부시는 동일하다고 지적했다. 조지 부시는 자신이 "신의 사명"을 부여받았다고 말했다. 제 눈에 악으로 보이는 대상을 절멸할 사명을 신에게 직접 받았다고 느끼는 것. 이게 광신의 특징이다. 문제는 이런 광신도가 있다는 게 아니라, 이 광신도를 교주로 신봉하는 사람들이 있다는 것이다. 그것도 엉뚱

고야(Francisco de Goya), 〈거인〉, 1810~1812
수수께끼. 지평선 너머에 거대한 거인이 서 있고, 그의 등 뒤로 땅에서는 살육전이 벌어지고 있다. 저 거인은 누구일까? 침략자 나폴레옹이라고도 하고, 스페인 민중의 애국적 저항의 상징이라고도 한다. 그냥 전쟁의 의인화라는 설도 있다. 나폴레옹은 봉건적 학정에서 스페인 민중을 해방하러 왔다. 하지만 마드리드의 해방자는 곧 잔혹한 침략자의 본성을 드러낸다. 자칭 바그다드의 해방자는 어떨까? 그 거인이 정말 이 땅에 평화를 가져다줄까?

하게 대한민국에. 이들이 즐겨 찾는 어느 인터넷 사이트에는 "미국은 기독교, 이라크는 이슬람의 나라, 따라서 미국의 이라크 공격은 신의 뜻"이라는 글이 올라와 있다. 십자군 전쟁의 논리다. 이들은 이렇게 21세기에 중세에서 살고 있다.

빙의

이것이 한미동맹교의 기독교 버전이라면, 더 엽기적인 샤머니즘 버전도 있다. 얼마 전 〈전원일기〉의 일용 엄마가 갑자기 참전을 하겠노라고 기자회견을 했다. 빙의(憑依) 체험으로 화제를 모았던 그는 귀신을 떨쳐내고 새로 얻은 삶을 나라를 위해 쓰겠노라고 장한 결심을 했다. "귀신에 씌어 여러 차례 자살 기도를 했던 만큼 이제 남은 삶은 나라를 위해, 다른 사람을 위해 살고 싶다." 그 애국적 결단의 첫 표현이 바로 한미동맹을 위한 김치 담그기란다. 그는 "하루라도 빨리 이라크전에 한국군을 파병해야 한다"며 "나도 따라가 파병군의 김치라도 담그며 자원봉사를 하고 싶다"고 말했다.

왜 그랬을까? 미국의 전쟁이 국제사회의 지지를 받지 못하지만 어쨌든 "동맹국으로서 힘을 보태야 할 이유가 너무나 많다"는 것이다. '너무나 많다'는 그 이유는 하나도 나와 있지 않고, 기사 속의 그는 갑자기 횡설수설한다. "반전하시는 분들도 더욱 열심히 전쟁에 반대해주세요. 우리가 얼마나 어렵게 파병을 결정했는지, 찬반을 떠나서 모두 전쟁 없는 세상을 얼마나 간절히 바라는지를 미국에게, 부시 대통령에게 확실히 알려야죠." 한마디로 반전평화의 염원을 부시에게 알리려고 파병 군인들에게 김치를 담가주겠다는 것. 근데 이게 무슨 말인지 이해가 되는 사람 있는가? 아무래도 빙의가 덜 끝난 모양이다. 김치 담그기 전에 푸닥거리부터 한번 해야겠다.

일용 엄마의 노망은 애국적 노망이다. 주관적으로는 진지한 노망이다. 따라서 객관적으로 우스워도 그저 웃어넘길 일이 아니다. 문제는 그의 천진난만한 의식 속에 당연하게 들어 있는 어떤 전제, 즉 내 삶은 마땅히 나라에 바쳐야 하며, 나라를 위하는 길은 한미동맹을 강화하는 것이라는 전제다. 이게 어디 순진한 일용 엄마만의 일이겠는가? 전쟁 후 수십 년에 걸친 국가주의와 반공주의 이데올로기의 공세는 '삶 = 애국 = 한미동맹'이라는 괴상한 등식을 아예 사회적 무의식으로 만들어버렸다. 이게 오랫동안 사회 성원들의 의식세계를 집요하게 사로잡았고, 그게 일용 엄마의 김치 파동으로 나타난 것이다. 사람들이 아무 생각 없이 누군가 주입해준 그 얘기를 하는 것. 이것도 일종의 신들림, 즉 정치적 빙의현상이다.

참전정부

시민사회의 분위기가 이 지경이니 정치권은 오죽하겠는가? 대통령의 임무는 헌법을 수호하는 데에 있다. 하지만 도덕을 모르는 우리의 국가이성께서는 침략전쟁을 부인하는 헌법 5조 1항을 무시하고 국군을 반인륜적인 침략전쟁에 내보냈다. 이 명백한 국헌 문란 행위를 그는 미국의 압력에 따른 "불가피한 선택"이라고 변명하며, 우리에게 "깊은 이해"를 구한다. 그를 따르는 수많은 무리들이 실제로 그를 너그럽게 이해해주었다. 하지만 나라의 주권을 지키는 것이 또한 대통령의 직무일 터, 그 어떤 고민의 흔적이나 그 어떤 저항의 시도도 없이 우리의 주권을 그대로 미국에 내준 그의 행위는 명백히 대통령의 직무유기에 해당한다.

파병을 하면 여러 가지로 편할 것이다. 미국과 번거로운 마찰을 피하고 그 시간에 소위 '개혁'이라는 과제에 전념할 수 있을 테니까. 하지만 헌법과 주권을 수호하는 것은 사람 몇 명 갈아치우는 그 개혁이라는 것보다 중요한 대통령의 책무다. 이 번거로움을 끌어안고 해결하려고 노력하기는커녕, 그는 대한민국 국민 전체를 반인륜적인 침략전쟁의 공범으로 만드는 아주 손쉬운 길을 택했다. 우리가 뽑은 게 대통령이 맞는가? 이럴 바에야 우리, 다음 대선에서는 대통령이 아니라 아예 미국 대사를 뽑자. 차라리 미군 사령관을 뽑자. 미국 대사여, 혹은 주한 미군 사령관이여, 당신들이 우리에게 공약을 제시하라.

그렇게도 파병을 하고 싶은가? 그럼 헌법부터 고칠 일이다. "대한민국은 침략전쟁을 부인한다. 단, 미국이 요구할 때는 예외로 한다." 한미동맹이 아무리 중요해도 그것이 대한민국 헌법의 위에 올 수는 없는 일. 설사 이제까지는 그랬다 하더라도 지금부터는 그러지 말아야 한다. 도대체 언제까지 이렇게 살 것인가? "반미 좀 하면 어떠냐"고 말하던 노무현 씨가 순식간에 얼굴을 바꾸더니 지금은 "친미 좀 하면 어떠냐"고 말한다. "이제까지는 한미관계가 일방적이었으나 이제는 긴장을 도입하겠다"고 기세 좋게 포효하던 그가, 베트남 전쟁 이후 가장 화끈한 규모의 파병을 결정했다. 그의 말대로 이쯤 되면 '막 가자는 거'다.

각료들도 한심하기는 마찬가지다. 개혁 성향의 내각에서 어떻게 제 나라 정부가 침략전쟁에 파병을 결정했는데, 한 사람도 사퇴하는 이가 없는가? 심지어 이라크 유전에 강한 이해를 갖고 있는 전쟁 당사국, 즉 미국과 영국의 외교관과 각료들 중에도 침략전쟁에 항의하여 사임하는 사람들이 더러 있었다. 그런데 직업 정치인도 아니고, 재야나 시민단체 혹은 인권단체에서 일하던 사람들이 다수 포진된 정권에서 어떻게 침략에 반대하여 사퇴하는 사람이 하나도 없단 말인가. 비록 파병 규모는 작아도 지금 내각은 분명히 전쟁내각이다. 왜 항의하는 사람이 하나도 없는가?

의원들은 어떤가? 이들은 기껏 '파병 결정에 따르는 정치적 오명과 윤리적 책임을 어떻게 피할 것인가'만을 고민했다. 파병은 하되, 어떻게 하면 '전쟁 찬성당'으로 비치지 않을 것인가, 이게 이들의 유일한 고민거리다. 야당은 여당과 대통령이 먼저 손에 피를 묻혀야 자기 손에도 피를 묻히겠다고 했다. 국민의 80%가 전쟁에 반대하고, 과반수 이상이 파병에 반대하는 순간에도, 국회는 압도적인 표차로 결의안을 통과시켰다. 이게 이들이 우리를 대의하는 방식이다. 의원들이여, 가슴에 단 배지 안에 새겨진 나라 '국(國)'자를 지울 일이다. 대한민국 의회는 국회가 아니다. 미합중국 한반도 주(州) 지방의회다.

거룩, 거룩, 거룩

복거일 씨의 '팍스 아메리카나'는 그 개인의 세계관이 아니다. 그것은 동시에 이 사회를 이끌어온 정치·경제 엘리트들의 세계관이기도 하다. 친미주의는 그저 관념의 현상에 불과한 게 아니다. 그것은 대미 의존도가 높은 이 사회의 정치·경제 구조 속에서 기득권을 유지하는 물질적 비법이기도 하다. 기독교 반공주의 역시 그저 종교 현상에 불과한 게 아니다. 종교 열정을 통해 발산되는 그 광기는 냉전이라는 시대가 우리의 정신세계에 남긴 깊은 상처의 흔적이라고 봐야 한다. 일용 엄마의 김치 파동 역시 모노드라마가 아니다. 저 지배 엘리트들의 이데올로기를 '진리'로 믿고 살아온 가련한 서민들이 연출하는 집체극의 일부일 뿐이다.

이른바 개혁 세력은 이 미신에 힘없이 굴복했다. 왜 그랬을까? 그들이 내세운 공식 이유는 "북핵 문제의 평화 해결을 위해서"다. 이들에게 '남의 피를 대가로 우리의 평화를 사는 게 말이 되느냐'고 말해야 소용없다. 그런 윤리적 어법은 도덕을 모르는 국가이성들을 조금도 감동시키지 못한다. 그저 상식적으로 따져보자. 수십만의 전투병력을 파견한 미국이라는 나라에게, 수백 명의 공병대가 군사적으로 의미가 있겠는가? 그것은 미국에게 그저 한국을 부당한 침략전쟁의 공범으로 확보하겠다는 상징 의미만 가질 뿐이다. 그런데 미국의 대북한 정책이 과연 그 소수병력의 파병 여부에 따라 달라지겠는가? 또 달라지면 얼마나 달라지겠는가?

또 하나는 경제적인 이유에서다. 즉 파병을 거부하면 미국이 경제 보복을 할지도 모른다는 것이다. 이 역시 다분히 과장된 공포다. 가령 캐나다와 멕시코는 아예 미국과 국경을 접하고 있어 대미 의존도가 우리보다 높으면 높았지 결코 낮지는 않을 것이다. 그럼에도 이들 나라는 파병은커녕, 미국의 전쟁에 분명하게 반대의사를 표명했다. 주권 국가로서 타국의 부당한 요구에 제 의사를 표명하는 것은 너무나 당연한 일. 거기서 비롯하는 외교 갈등은 그후 다시 해결하면 될 일이다. 그런데 왜 우리는 이 당연한 것을 상상조차 하지 못하는 것일까? 바로 거기에 우리 사회가 앓고 있는 정신병 증세가 있다.

한미동맹교. 그것은 우리 사회의 낡은 우상이다. 어떤 이들에게 이 우상은 흠모의 대상이고, 다른 이들에게는 두려움의 대상이다. 청와대에서 국회에 이르기까지 이 사회의 지도층을 온통 '충격과 공포'로 몰아넣은 것은 무엇이었던가? 우습게도 워싱턴에서 걸려온 한 통의 전화 벨 소리였다. 숭배는 공포의 소산이다. 누가 미국을 신으로 만들었는가? 우리의 두려움이다. 우리 중의 어떤 이들은 북한 공산주의를 두려워하고, 다른 이들은 자유주의 미국의 힘을 두려워한다. 어떤 이들에게 미국은 우리를 구할 자비의 신이며, 다른 이들에게 미국은 배교자를 징벌하는 복수의 신이다. 다분히 과장된 이 두 가지 공포가 합쳐져 미국이라는 나라를 신성한 존재로 만든 것이다.

거룩, 거룩, 거룩. 만군의 주, 아메리카여…….

6장 양들의 침묵

아뉴스 데이(Agnus Dei)

Agnus Dei, qui tollis peccata mundi
dona eis requiem

세상의 죄를 대속하신 신의 어린 양
그들에게 안식을 주소서

양들의 침묵

 전쟁은 끝났다고 하나, 전쟁은 끝난 후에도 쉽게 끝나지 않는 속성이 있다. 초등학교에 들어가기 전이니까 1960년대 말로 기억한다. 먹을 게 귀했던 시절, 엿장수가 오면 집 안에 있는 빈 병이나 신문지, 고무신 따위를 들고 나갔다. 그러면, 큰 가위로 '쩔쩔' 소리를 내던 아저씨가 대신 엿이나 강냉이를 조금 집어주고는 했다. 귀한 것은 역시 쇠붙이였다. 그래서 길에서 주운 녹슨 못이나 동강 난 철근 쪼가리 등은 버리지 않고 모아놓았다가 엿장수에게 가져가곤 했다. 못쓰게 된 물건만이 아니다. 당시 애 가진 집치고 집에서 쓰던 멀쩡한 부지깽이가 홀연히 사라지는 이적을 경험하지 못한 집은 없을 것이다.

 어느 날, 친구들과 놀다가 나는 운 좋게도 시뻘건 황토 속에 커다란 쇳덩어리가 묻혀 있는 것을 발견했다. 얼마나 크고 실한 덩어리였는지, 엿장수 아저씨한테 가져가면 엿을 산더미같이 많이 줄 것만 같은 예감이 들었다. 드디어 골목길에 짤짤거리는 가위소리가 들려오고, 그 소리의 근원을 찾아 부리나케 달려가 자랑스레 그 쇳덩이를 내밀었다. 그런데 기뻐할 줄 알았던 이 아저씨, 얼굴을 크게 일그러뜨리더니 갑자기 소리를 버럭 지르는 게 아닌가. "야, 이 녀석아, 수류탄을 받는 엿장수가 어디 있냐……."

'수류탄'이라는 낱말은 태어나서 그때 처음 들었다. 어쨌든 이름은 알게 되었는데, 아직 그게 뭣에 쓰는 물건인지는 알 수 없었다. 내게 중요한 것은 오직 '수류탄이라는 물건은 비록 쇳덩이로 분류되나, 엿을 안 바꿔주는 물건'이라는 사실뿐이었다. 애들은 이런 식으로 세상의 오묘한 이치를 하나하나 배워나가는 것이다. 엿 바꿔 먹기에는 실패했지만, 그래도 미련이 남아서 그 흉물을 손에 들고 집에 들어갔다. 수류탄을 손에 들고 귀가한 아들을 바라보는 아버지의 표정은 퍽 인상적일 수밖에 없었다. 그 다음에 어떤 사건이 났는지는 상상에 맡기겠다.

내가 수류탄을 주운 그 지역이 한국전쟁 당시 인천에서 상륙한 미군과 해병대가 한강을 도하한 지점이라는 것은 나중에 알게 되었다. 어린 시절, 전쟁이 끝난 지 십수 년이 지났어도 산과 들에는 아직 전쟁 때 뿌려진 불발탄들이 여기저기 널려 있었다. 변변한 장난감 하나 없던 시절, 아이들이 그 신기한 물건들을 갖고 놀다가 폭사하는 일이 종종 있었다. 그래서 학교에서는 아예 괴상한 쇳덩어리를 보거든 절대로 돌로 두드리지 말고 경찰에 신고하라고 가르쳤다. 내가 주운 그 수류탄이 터졌더라면? 생각만 해도 아찔하다. 이 세계에는 아직 그렇게 아찔하게 살아가는 사람들이 있다.

집속탄

전쟁의 영상 중에서 나를 으스스하게 하는 것이 있다. 하나는 한국전쟁 당시 낙동강 전선의 인민군들 위로 B-29 100대가 융단폭격을 퍼붓는 장면이다. 남한을 침략한 인민군의 주력을 궤멸하는 장면이므로 거기서 마땅히 통쾌함을 느껴야 했다. 하지만 투철한 반공 소년도 그 장면에서만은 통쾌한 폭격자가 아니라 겁에 질린 피폭자와 자신을 동일시하게 되었다. 한 지역 전체를 한치의 남김 없이 죽음의 도가니로 만들어버리는 그 숭고한 무차별성이 적과 아의 인간적 구별을 무의미하게 만들었기 때문이리라. 빼곡이 피어오르는 저 폭탄의 검은 꽃들 아래에도 분명히 사람이 있을 터, 하늘을 뒤덮은 100대의 폭격기에서 쏟아지는 폭탄을 밑에서 쳐다보는 사람들은 어떤 기분이었을까?

또 하나의 영상은 집속탄이 터지는 장면이다. 비행기에서 커다란 폭탄 하나가 떨어지고, 그 어미폭탄으로부터 헤아릴 수 없이 많은 새끼폭탄들이 튀어나와 하늘을 까맣게 뒤덮으며 천천히 하강하는 장엄한(?) 장면. 하늘을 덮었던 이 폭탄들은 잠시 후 지표면을 덮고, 우연히 그 위에 있는 사람들까지 덮어버릴 것이다. 단 하나의 폭탄으로 축구장 몇 개의 면적이 초토화된다고 하니, 하늘의 색을 검게 채색하는 데에 굳이 많은 항공기가 필요하지 않다. 이 폭탄 덕분에 단 몇 대의 폭격기만으로도 새까맣게 하늘을 뒤덮는 장관을 연출할 수가 있다. 그때에 아래서 바라본 하늘은 과연 어떤 모습일까? 정말로 그것을 본 사람들이 있었다. 영국 〈인디펜던트〉의 한 종군기자가 목격자들의 증언을 이렇게 전한다.

"토요일 이래로 힐라 병원에서 죽어나간 61명의 사상자들은 우리에게 답을 해줄 수 없다. 집에 앉아 있다가 하얀 파편이 온 하늘을 뒤덮는 엄청난 충격을 받은 생존자들도 사실을 증명할 수 없다. 라헤드 하켐이 일요일 오전 10시 30분 나드르에 있는 집에서 폭발음을 듣고 창 밖을 봤을 때 하늘에서 폭탄이 마치 비처럼 내리는 장면이 연출되고 있었다. 라헤드는 하늘에서 떨어진 집속탄이 검은색의 작은 상자 같았다고 묘사했다. 카리마 미즐러는 '집속탄은 소형 폭탄이 마치 줄로 연결돼 있는 것처럼 느껴졌다'고 말하며 '아마 작은 폭탄 세트를 갖고 있는 철나비가 하늘에서 폭탄들을 떨어뜨리는 듯했다'고 덧붙였다."

성서의 '출애굽기'에는 두 개의 장면이 나온다. 하나는 모세가 신의 도움으로 파라오 왕국의 하늘을 메뚜기 떼로 까맣게 뒤덮는 장면, 다른 하나는 사막을 헤매는 모세의 백성에게 신이 하늘을 하얀 만나로 뒤덮는 장면이다. 하늘에서 쏟아져 내리는 집속탄은 과연 어떻게 보일까? 그것을 뿌리는 자들에게는 그것이 '이라크의 자유'를 가져다주는 생명의 만나일지 모르나, 밑에서 그 폭탄 비를 맞아야 하는 이들에게 그것은 재앙을 불러오는 죽음의 메뚜기 떼일 것이다. 재미있게도 땅에 떨어져 미처 터지지 않은 노란색 불발탄은 마침 미군의 구호식량 봉지와 같은 색이라 한다. 때문에 철없는 아이들은 하늘에서 떨어진 그 폭탄을 일용할 양식으로, 하늘이 내린 만나로 착각할 수가 있다.

전쟁은 끝났어도 이 노란색 만나가 뜰이나 대문 위, 나무에 아무렇게나 걸려 있어 시민들이 마음놓고 외출을 하기 어려운 상황이라 한다. 특히 어린이들이 아무것도 모르는 채 하늘이 보내준 이 장난감을 갖고 놀다가 값비싼 희생을 치르고 있다. 현재 수거된 불발탄은 채 2%도 못 되고, 나머지는 그 어딘가에 숨어서 사람들의 생명을 노리고 있다. 이라크의 의사들은 전쟁 후에 불발탄으로 인해 외려 환자의 수가 늘었다고 말하고 있으나, 리처드 마이어스 합참의장은 "집속탄에 따른 피해사례는 들어본 적이 없다"고 잡아떼면서, "집속탄은 지뢰보다 덜 위험하다"며 집속탄이 특히 어린이에게 위험하다는 국제기구의 주장을 일축했다.

열화우라늄탄

 가난한 사람들에게는 폭탄도 하느님이 이스라엘 백성에게 내린 '만나'가 된다. 베트남 전쟁 당시 미군은 호치민 루트가 있는 라오스 지방에 무차별 폭격을 퍼부었다. 그때 터지지 않고 남은 불발탄들이 남아 아직도 해마다 수많은 희생자를 내고 있다. 대부분의 희생자는 어린이라고 한다. 늘 폭탄을 풍경의 일부로 끌어안고 살아가야 하는 터, 아이들이라고 불발탄이 터질 수 있다는 것을 모르지는 않을 게다. 그럼에도 그들이 그 위험을 무릅쓰고 폭탄에 손을 대는 것은, 그것을 고철로 팔아 생계를 잇기 위해서라고 한다. 가진 것이 없는 나라다 보니, 그렇게 모은 폭탄의 탄피로 다양한 물건들을 만들어내는 것이 아예 이 나라의 주요 산업으로 자리를 잡았다.

 이라크 국민들은 그보다는 운이 좋은 편이었다. 1차 걸프전이 끝난 직후 펼쳐진 풍경은 라오스의 경우보다 풍성했기 때문이다. 도처에 널린 것이 파괴된 전차와 차량과 중화기였다. 전쟁의 결과 삶이 피폐해진 것은 이곳도 마찬가지, 이 나라에도 망가진 쇳덩어리들을 고철로 팔아 생계를 유지하는 사람들이 있었다. 고철 수확이 이토록 풍성할 수 있었던 것은, 미군이 사용한 '열화우라늄탄' 덕분이었다고 한다. 직경 30mm, 전체 길이 86mm, 탄두 무게 292g. 그러니까 10cm도

채 안 되는 기관총탄으로 전차를 파괴할 수 있으니 당연히 효율적일 수밖에. 실제로 열화우라늄탄이 사용된 흔적을 사진으로 보았는데, 그 가공할 파괴력에 비하면 구멍이 아주 작아 보였다.

열화우라늄탄은 핵분열성 물질인 우라늄 238을 포함하고 있어, 목표물과 충돌하는 순간 인체에 치명적인 미세한 방사능 먼지를 내뿜는다. 파괴된 전차에는 당연히 방사능 분진이 잔뜩 묻어 있을 터, 그 먼지는 먼저 그 고철들을 분해해 팔아먹고 사는 사람들의 폐 속으로 들어간다. 지난 걸프전에서 바스라 지역을 중심으로 약 70만 발의 열화우라늄탄이 사용되었다. 거기서 나온 분진은 사람들의 폐에 직접 흡수되거나 오염된 대지에서 자라난 농작물을 통해 인체에 축적된다. 당연히 후유증이 있을 수밖에. 지금 바스라 지역에서는 병원에서 아기가 태어나면 '딸이냐 아들이냐'가 아니라 '정상이냐 기형이냐'를 묻는다고 한다.

그렇게 태어난 아이들의 형상은 바라보는 것만으로도 고통스럽다. 도대체 왜 아이들이 이런 고통을 겪어야 하는가? 이라크 아이들만이 아니다. 걸프전에 참전한 70만의 미군 병력 중 20만이 그 후유증에 시달렸고, 10여만 명이 정부로부터 공식 장애등급을 받았다. 그 증세로 사망한 병사가 무려 400명, 전투로 인한 사망자 수의 두 배 이상에 이르는 수치다. 이런 고통을 당하는 미군 병사들의 아이 역시 기형으로 태어나고 있다. 미국과 영국 국방부에서는 열화우라늄탄의 무해성을 주장하고 있으나, 미국에서 나온 이 자료는 이들 역시 그것이 유해함을 인식하고 있음을 보여준다.

"병사들이 전쟁터에서 열화우라늄에 노출되는 것은 방사능과 독성의 잠재 위험에 노출된다는 것을 뜻한다. 〔……〕 (열화우라늄)은 낮은 단계의 알파선을 방출하는데 여기에 노출된 사람에겐 암이 발생할 수 있으며, 그 화학 독성은 신장을 손상시킨다. 단기간 방사능 조사량(照射量)이 많으면 죽음에 이를 수도 있으며, 장기간 방사능 조사량은 적어도 암을 발생시킬 수 있다." (SAIC·Science Applications International Corporation, 1990년 7월, 'Kinetic Energy Penetrator Environmental and Health Considerations' 초록.)

그럼에도 미·영 동맹군은 이번에도 변함없이 이 '비인도적인' 무기를 사용했다. 얼마나 많이 사용했을까? 사용량은 아직 알려지지 않았다. 전쟁은 끝났어도, 고통은 그것으로 끝나지 않는다. 인간으로 태어난 것 자체가 '원죄'라 하던가? 지은 죄라고는 세상에 태어난 것밖에 없는 아이들의 고통을 통해 전쟁은 계속된다. 속죄양은 흠결이 없어야 하고, 세상에서 가장 흠결이 없는 자들은 갓 태어난 신생아들. 이 더러운 전쟁이 그들을 속죄양으로 삼은 것은 그 때문일까?

푸생(Nicolas Poussin), 〈베들레헴의 영아학살〉

"왕이 탄생했다." 이 말을 들은 헤롯은 동방 박사들에게 탄생한 왕을 찾거든 자기에게 알려달라고 한다. 하지만 동방 박사들은 아기 예수에게 경배를 한 후 곧바로 고향으로 돌아간다. 그러자 헤롯은 베들레헴에서 태어난 만 두 살까지의 사내 아기를 모두 죽이라고 명한다. 아기의 목을 밟고 칼을 쳐든 병사. 그 옆에서 공포에 질려 비명을 지르는 어미. 절망에 가득 찬 저 표정. 어디서 본 듯하지 않은가?

"제가 한 짓을 보십시오"

전쟁 때문일까? 한동안 보이지 않았던 소년병들이 다시 나타났다. 아이들은 K-1, K-2, M-16 등 소총으로 무장하고 격렬한 전투를 벌인다. 아파트 단지의 바닥은 이들이 쏜 하얀 비비탄으로 뒤덮여 있다. 아이들이 들고 있는 소총은 크기나 모양이 실물과 거의 똑같아 처음에 봤을 때는 화들짝 놀라지 않을 수 없었다. '하루 날을 잡아 이녀석들을 몽땅 무장해제 해버릴까?' 하다가, 돌이켜 생각해보니 명분이 안 선다. 우리도 실은 전쟁놀이를 하며 자랐기 때문이다. 소나무 가지를 꺾어 기관총 삼고 솔방울을 모아 수류탄을 삼았을 뿐, 우리 역시 실은 저 아이들과 똑같이 서로 총으로 쏴서 죽고 죽이는 잔인한 놀이를 했다. 그 놀이의 시나리오를 제공해준 것은 〈전투〉나 〈전우〉 같은 전쟁 드라마였다.

이라크의 아이들은 어땠을까? 전쟁이 눈앞에서 벌어졌다. 영화에서나 보던 전투기가 머리 위를 날고, TV에서나 보던 탱크가 도로 위를 달리고, 실탄이 날아다니는 총격전이 실제로 벌어졌다. 과연 철모르는 아이들에게 이 상황이 진지한 현실로 받아들여질까? 아니면 그저 어른들이 벌이는 스케일 큰 전쟁놀이로만 여겨질까? 지난 4월 8일자 〈USA 투데이〉에는 미군 병사에게 사살된 두 명의 이라크 소년에 관한 기사가 실렸다. 두 소년은 사살된 페다인 민병대가 떨어뜨린 로켓포를 주우려다가 변을 당했다고 한다.

"소년을 쏘아 죽인 병사는 미군 101공중강습사단 B중대 3소대 닉 보그스 일병 (……) 3소대는 50m 가량 떨어진 곳에서 대전차 로켓포를 들고 달아나던 민병대원 한 명을 사살했다. 잠시 뒤 10세가 채 안 돼 보이는 소년 두 명이 골목에서 갑자가 달려나와 민병대원이 떨어뜨린 대전차 로켓포 앞에 선 게 사건의 발단이었다. 선봉에 섰던 보그스 일병은 민병대원의 시신을 주시하며 "내가 쏜 게 아냐, 난 쏘지 않았어"하고 소리쳤다. (……) 소년들은 허리를 구부려 로켓포를 주웠고, 순간 보그스 일병의 손에 들린 기관총이 불을 뿜었다. 수십 발의 총탄이 두 소년에게 쏟아졌다. 뿌연 먼지가 피어올랐다. 잠시 후 먼지가 걷히고 소년들은 피범벅이 된 상태로 모습을 드러냈다."

당황한 보그스 일병은 소대장에게 "소대장님, 제가 한 짓을 보십시오"하고 소리쳤다. 소대장은 "너는 할 일을 했다"며 그를 진정시켰다. 교전이 끝난 후 카르발라 인근 폐허가 된 학교 운동장에 앉아, 그는 "소년들한테 미안하지만 당시 결정을 후회하지 않는다. 내가 해야 할 일을 했을 뿐"이라고 말했다. 하지만 말은 그렇게 해도 저 자신도 그 말을 믿지는 않을 게다. 다만 그렇게 해야 죄책감을 극복하고 남은 생을 살 수 있기에, 필사적으로 자기 세뇌를 하고 있는 중일 게다. 그는 이미 자신이 쏜 수십 발의 총탄을 맞은 소년들의 시신을 보았다. 그는 아마 평생 그 영상과 더불어 살면서 자신이 학살자임을 부정해야 할 것이다. "내가 쏜 게 아니야. 난 쏘지 않았어."

 그 로켓포는 소년들에게 대체 무엇이었을까? 몇 푼의 용돈으로 바꿀 고철덩이? 전쟁놀이를 위한 장난감? 아니면 침략자들을 물리칠 무기? 로켓포는 소총과 달라 포탄이 없으면 발사를 할 수가 없고, 포탄이 있어도 장착하는 데에 시간이 걸리며, 발사를 하려면 조작법을 알아야 한다. 10세도 안 된 아이들이 로켓포를 집어 견착을 하고 포탄을 장전해 발사를 할 능력이 있을 리 없다. 그럼에도 미군 병사는 어처구니없이 세 번째 가설을 취했다. 왜 그랬을까? 공포감 때문이었을 게다. 공포는 이성의 마비를 일으키고, 인간을 잔인하게 만든다. "전시에는 군인이건 어린이건 사정을 봐줄 수가 없습니다. 다만 제가 확실히 알고 있는 것은 로켓포가 우리를 한 방에 날려버릴 수도 있다는 거죠."

알리

 알리는 운이 좋았다. 부모도 죽고 형제들 모두 목숨을 잃었지만, 그만은 그 지옥의 아비규환 속에서 살아남았기 때문이다. 그는 정말 운이 좋았다. 알리가 입원해 있던 병원의 한 자원봉사자에 따르면 "알리는 병원에서 평범한 부상자에 불과하다." 두 팔을 잃고 온몸에 화상을 입었지만, 실려오는 다른 어린이들에 비하면 알리의 부상은 비교적 양호한 상태다. 행운은 거기서 그치지 않았다. 중상을 입고도 제대로 치료받지 못하는 다른 아이들과 달리 그는 쿠웨이트로 이송되어 피부이식 수술까지 받았다. 그뿐인가? 곧 최첨단 의수도 달 예정이다. "오른쪽에는 생체기능을 가진 최첨단 전자팔을 부착하고 왼쪽에는 보통의 의수를 부착할 것입니다."

그가 이런 행운의 주인공이 될 수 있었던 것은 우연히 TV 카메라에 비쳤기 때문이다. "커서 장교가 되고 싶었는데 희망이 사라졌다. 내 팔을 되찾아달라"고 절규하는 그의 모습이 전세계로 방영됐고, 덕분에 그는 전쟁으로 희생된 모든 이라크 어린이의 상징이 되어 그 호사를 누릴 수 있었다. 가족을 모두 잃고, 그것도 모자라 두 팔마저 잃은 그의 모습은 전쟁의 발발을 수수방관했던 세계인의 알량한 죄책감을 자극했다. 각지에서 독지가들의 후원이 답지했다. 알리의 절규는 심지어 전쟁을 일으킨 토니 블레어의 마음까지 움직였다. 그는 알리가 영국에서 치료받게 하겠다고 약속했다. 제 손에 묻은 피를 잽싸게 씻어버리고 그는 선한 사마리아인을 연기한다.

우리는 두 장의 사진을 기억한다. 하나는 축 늘어진 죽은 딸을 안고 말을 잃어버린 어느 아버지의 모습이다. 다른 하나는 교전의 와중에서 구출한(?) 소녀를 안고 있는 어느 미군 병사의 모습이다. 과연 어느 것이 사태의 본질을 보여주는 것일까? 미·영 동맹군은 어린이의 학살자인가? 아니면 해방자인가? 전쟁을 일으킨 자들에게 앞의 것은 '부차적 희생'에 불과하다. 그 희생은 그들의 뜻이 아니다. 어린이의 죽음은 애초의 전쟁 프로젝트 속에 들어 있지 않았다. 후자야말로 그들의 진정한 의도를 보여주는 사진이다. 그들은 어린이를 사랑한다. 그 위험한 교전 현장 속에서도 어린이의 희생만은 막아야 하기에, 목숨을 걸고 아이들을 구출한다.

이것이 저들의 휴머니즘이다. 저들의 뜻대로 알리는 죽어가는 이라크 아이들 모두의 상징이 되었다. 덕분에 그는 목숨을 건질 수 있었다. 하지만 부모를 잃고 가족을 잃은 소년 앞에 기다리고 있는 것은 죽음보다 더 고통스런 삶이다. 이제 그는 그 삶을 살아야 한다. 그는 제 팔이 아니라 의수를 돌려받았다. 하지만 두 팔과 함께 꿈마저 잃어버린 소년에게 최첨단 의수는 그저 인공으로 만들어진 남의 꿈에 불과하다. 그나마 알리가 이라크 어린이 전체를 대표할 수 있는 것은 폭격을 받을 때까지다. 그후에 그가 받은 그 알량하게 극진한 대접만은 모든 이라크 어린이의 것이 아니라 알리 혼자만의 것이다. 영국과 미국의 휴머니즘을 증언할 모델은 여럿일 필요가 없다. 사진은 한 장이면 충분하다.

양들의 침묵
얼마나 죽었을까? 미국이 승리를 선언하던 지난 4월 15일, 미 국방부의 한 관계자는 "이라크 민간인 희생자의 수를 집계할 계획이 없다"고 밝혔다. 이로써 '전쟁으로 인한 민간인 사상자와 재산 피해는 배상하지 않는다'는 미 정부의 방침을 재확인한 것이다. 이를 미 공군 관계자는 "국방부가 공습의 '부차적 피해'를 조사하면 그 결과는 끝이 없을 것"이라는 말로 정당화했다. 그들에게 무고한 이들의 죽음은 '부차적'인 의미를 가질 뿐이다. 그 사이 '이라크 보디 카운트'라는 한 독립 인터넷 사이트는 미국 정부가 포기해버린 바로 그 일을 대신하고 있었다. 거기에 따르면 4월 27일 현재, 전쟁으로 인한 민간인 사망자는 최소 2,029명, 최대 2,488명에 이른다. 대부분 집속탄으로 인한 피해다.

이번 전쟁의 참상은 '알자지라' 방송 덕에 그 일부나마 전 세계에 알려질 수 있었다. 하지만 정작 전쟁을 주도한 미국 국민들은 자기들이 일으킨 전쟁의 희생자들에 대해 다른 세계시민들보다 윤리적 책임감을 덜 느끼고 지나칠 수 있었다. 미국 정부의 엄격한 언론 통제와 애국 언론의 자발적 충성이 이번 전쟁의 끔찍한 참상을 가리고, 그것을 신나는 활극 위주로 연출한 덕분이다. CNN의 아론 브라운은 희생자의 모습을 감추어버리는 이런 방송의 태도가 정치와는 무관하다고 주장했다. 텔레비전에서 어떤 모습을 보여주느냐 하는 것은 '단지 취향의 문제'라는 것이다. 여기서 언론의 통제와 조작은 정치 문제가 아니라 졸지에 미학의 문제가 되어버린다.

2천 명이 넘는 민간인들의 죽음 앞에서 미국의 군사 전문

가들은 이번 전쟁이 "새로운 전투 교본으로 남을 것"이라며 극찬했다. 그 근거로 "과거 공습에 비해 민간인 희생자를 줄인 사실"을 들며 이를 "전쟁사에 기록될" 업적으로 꼽았다고 한다. 이 발언은 앞으로 전쟁을 정당화하는 논리가 어떻게 변모할지 미리 보여주고 있다. 모든 반전평화를 주장하는 이들의 핵심 논거는 무고한 이들의 죽음이다. 미래의 전쟁광들은 이 윤리적 반론을, '민간인 희생을 최소화하는 하이테크 전쟁'이라는 개념으로 피해가려 할 것이다. 도대체 2천 명의 희생자가 '전쟁사에 기록될' 업적이라니, 애초에 그들은 얼마나 많은 민간인을 희생시킬 작정이었을까? 얼마나 더 많이 죽어야 저들에게는 너무 많은 사람이 죽었다는 생각이 들까?

민간인 희생자가 2천 명에 달한다는 보도가 사실이냐고 묻는 질문에 파월 미 국무장관은 "민간인 사망자 숫자는 모른다. 미군은 민간인 희생을 줄이기 위해 노력했다. 어떠한 생명 희생도 유감"이라고 말했다. 그러면서 그는 "전쟁 과정에서 발생한 사망자 숫자는 사담 후세인의 과거 수년간의 독재정권 기간에 그에 의해 목숨을 잃은 희생자 규모에 비하면 아무것도 아니"라고 강조했다. 무슨 얘기일까? 사담 후세인도 죽였으니, 자기들도 무고한 이들을 죽일 권리가 있다는 얘기일까? 미군의 폭탄에 죽어간 그 사람들은 가해자가 아니라 미국이 세운 어느 독재정권의 피해자들이다. 자기들이 세운 정권이 저지른 학정의 책임을 왜 피해자들에게 묻는 것일까?

신의 어린 양. 그리스도는 목숨 하나로 인류 전체의 죄를 대신 씻어주고, 그렇게 죽은 다음에는 사흘 만에 다시 부활할 수 있었다. 이라크인들은 예수보다 운이 나쁜 편이다. 2천 개의 목숨을 합하여 기껏 한 사람의 죄를 씻어주고, 그렇게 죽은 다음에는 사흘이 넘도록 아직 부활하지 못하고 있기 때문이다. 사담의 죄를 대속(代贖)하기 위해 제사장 부시는 시퍼런 칼로 제단 위에서 양들의 멱을 딴다. 몇 마리의 목을 땄을까? 이 귀찮은 질문에 사제들은 대답한다. "희생양의 수를 집계할 계획이 없다." 양들의 시체가 산처럼 쌓이고, 이 광경에 경악하는 우리에게 파월 사제가 태연히 말한다. 후세인의 죄를 씻기에 저 정도의 희생은 "아무것도 아니"라고. 양들의 침묵은 기가 막혀서일까?

7장 옥쇄(玉碎)

리베라 메(Libera Me)

Libera me, Domine, de morte aeterna,
in die illa tremenda :
Quando coeli movendi sunt et terra :
Dum veneris judicare saeclum per ignem

나를 구원하소서, 주여, 영원한 죽음으로부터
그 무서운 날,
하늘과 땅이 진동하고
당신이 세상을 불로 심판하러 오시는 그날에

옥쇄(玉碎)

 조 로젠탈의 유명한 사진이 있다. 미군 병사 여섯 명이 어느 산의 정상에 거대한 성조기를 세우는 장면이다. 이 사진을 찍은 직후 여섯 명의 병사 중 둘이 일본군이 쏜 총에 맞아 전사했다며 긴장감을 고조시키는 설도 있으나, 알고 보니 이 사진은 연출된 것이라 한다. 유럽에도 이와 비슷한 장면이 있다. 소련군이 베를린의 제국의회에 붉은 깃발을 게양하는 사진이다. 이 역시 실은 베를린이 함락된 지 3일 후에 다시 연출한 선전용 사진이라 한다. 작가의 말에 따르면, 그나마도 원작을 살짝 수정한 것이다. 문제는 깃발을 게양하는 소련군 병사의 양 손목에 채워진 시계. 사진이 발표된 직후 정치보위부에서 그를 호출했다고 한다. "동무, 소비에트의 인민군대는 해방자이지 약탈자가 아니오."

 조 로젠탈의 사진은 아직까지도 태평양전쟁의 승리를 기념하는 상징으로 남아 있다. 그 사진의 배경이 된 이오 섬(硫黃島)은 '옥쇄'라는 낱말을 연상시킨다. '옥쇄'라는 말이 처음 사용된 것이 언제인지는 모르겠으나, 그말에 함축된 처절한 의미가 글자 그대로 실현된 것은 이오 섬 전투에서였다. 이 조그만 섬에서 일본군 2만여 명이 압도한 화력을 가진 미군과 가망 없는 전투를 벌이다 전원 '옥쇄'했다. 섬 전체가 수많은 동굴로 뒤덮여 천연의 요새나 다름없는 곳에서 사단 병력이 죽음을 각오하고 저항을 했으니 전투가 오죽 치열했겠는가. 섬을 점령할 때까지 미군 측에서도 2만이 넘는 사상자를 내는 값비싼 대가를 치러야 했다.

일본 군부는 이를 "구슬이 부서진다"는 시적 표현으로 미화했다. 하지만 그 죽음이 그리 시적이지는 않았다. 이 전투에 관한 다큐멘터리 영화를 본 적이 있다. 미군이 조그만 동굴을 발견하고 그 안으로 화염방사기를 발사하자, 일본군 병사 하나가 온몸에 화상을 입은 채 고통스런 몸짓으로 밖으로 기어나온다. 일본군 병사 대부분이 이렇게 동굴에서 저항하다가 미군이 던진 수류탄에 맞아 폭사하거나, 아니면 화염방사기에 고스란히 타죽거나, 그도 아니면 99식 소총에 목을 대고 자결을 했다. 더 충격적인 것은 민간인들마저 항복을 거부하고 자결하는 길을 택했다는 것. 때가 되면 집단자살을 한다는 레밍처럼 민간인들이 집단으로 줄줄이 암벽에서 뛰어내리는 장면이 용케 카메라에 잡혔다.

왜 옥쇄를 택했을까? 이유가 있을 게다. 먼저 일본의 사무라이 문화에서는 싸움에 패한 자가 항복하여 목숨을 구걸하는 것이 커다란 '수치'라고 한다. 그래서 그런 구차한 삶 대신에 명예로운 죽음을 택했을 수도 있다. 하지만 어떻게 2만 명의 병사가 모두 같은 생각을 할 수 있는가. 압도한 물리력을 초인의 정신력으로 막아보려고 했던 군부의 필사적인 태도가 병사들에게 무의미한 '옥쇄'를 강요했고, 일본 특유의 집단주의 문화가 개개의 병사들로 하여금 집단의 결정에 순순히 따르게 했을 것이다. 미군에게 잡히면 잔혹하게 살해될 것이라는 군부의 선전도 있었고, 죽어서 신이 되어 야스쿠니 신사로 돌아간다는 관념도 그 결심의 어려움을 덜어주었을 것이다.

동굴 안에는 또한 수많은 민간인들이 숨어 있었다. 아무리 항복을 권유하는 방송을 해도, 동굴 속의 일본인들은 밖으로 나오려 하지 않았다. 이때 이들을 동굴 밖으로 끌어낸 것은 일본인들 사이에 널리 알려진 어떤 동요였다고 한다. 스피커로 이 노래를 틀어주자, 그제야 동굴에 숨었던 이들이 하나둘씩 밖으로 걸어 나오더라는 것이다. 아마도 노래의 가사가 그들의 마음을 움직인 모양이다. "가라스모 잇쇼니 가에리마쇼(까마귀도 함께 돌아갑시다)." 아내의 집에서 친척 노인들과 얘기하다가 혹시 이 노래를 아느냐고 물었다. 다들 알고 있었다. 한 사람이 선창을 하자 모두 어린이로 돌아간 듯 신이 나서 따라 부른다. 꾸며낸 얘기가 아닌 모양이다.

스탈린그라드

언젠가 러시아어를 배울 때 교재에 예문으로 제시된 글에서 읽은 얘기다. 제2차 세계대전 당시 스탈린그라드를 놓고 독일군과 소련군이 그야말로 격전을 벌일 때의 일이다. 이 작은 도시는 이미 독일군에 포위돼 보급이 끊긴 상태였지만, 도시를 포위한 독일군 역시 그 안에 있는 소련군의 초인적인 집요함에 거의 질려버린 상태였다. 이때 스탈린그라드 시민들이 하루 식량으로 배급받은 것이 건빵 만한 크기의 조그만 빵조각 하나였다. 그것으로 보아 수많은 사람들이 굶어죽었을 테지만, 그 예문에는 조국을 지킨 인민들의 사회주의적 애국주의를 강조하느라 바빠 희생자의 수는 미처 언급할 틈이 없었다.

이렇게 양측이 조그만 도시를 놓고 피차 엄청난 사상자를 내며 집요하게 전투를 벌인 것, 그곳이 남부의 유전과 소련의 공업지대를 연결하는 전략 요충지이기 때문이기도 했지만, 또 다른 이유가 있었다. 그 도시에 우연히 '스탈린' 동지의 이름이 붙어 있었던 것, 그것이 그 전투를 더욱 더 집요하고 치열하게 만들었던 것이다. 지도자의 이름이 붙은 도시의 함락은 전략의 의미만이 아니라 상징적으로도 중요한 의미를 갖는다. 때문에 독일과 소련 어느 쪽도 이 도시를 포기할 수가 없었던 것이다. 결국 전투는 소련군의 승리로 돌아갔지만, 그 대가는 컸다. 6개월에 걸친 포위작전으로 도시는 초토화되고, 수십만의 시민이 굶어죽었다고 한다.

그 전투의 전략적 의미는 지대했다. 승리의 상징 효과도 컸다. 거기서 버틴 결과 동부전선의 전세는 결정적으로 뒤바뀐다. 독일군의 공세는 끝나고, 이제 침략자들은 소련군에 사냥을 당하는 가련한 신세가 된다. 독일군은 거의 전멸하고, 포로로 잡힌 자들은 아우슈비츠를 방불케 하는 또 하나의 수용소에 수감되었다. 가련한 침략자들은 거기서 강제노동에 시달리다 대부분 과로와 굶주림으로 사망하고, 전쟁이 끝난 지 몇 년 후에 오직 소수의 병사들만 살아서 고향 땅을 밟을 수 있었다. 독일에서 어찌어찌 알게 된 한 노인은 알고 보니 소련 전선에 투입되었다가 기적적으로 살아 돌아온 그 운 좋은 병사들 중 하나였다.

스탈린그라드 전투는 소비에트의 역사에서는 빛나는 전승으로 기록되고, 그 도시는 후에 '영웅시'로 상찬을 받았다. 하지만 그 승리가 역사의 빛남을 위해 죽어간 수많은 생명의 값어치만 할지는 모르겠다. 상처뿐인 승리라고 할까? 도시를 '영웅'으로 만들기 위해 영웅이 아닌 수십만 시민들은 굶어죽어야 했다. 어쨌든 그때 건빵 하나로 연명하면서 죽음의 공포에 시달리던 스탈린그라드의 시민과 병사들에게 유일한 낙이 되었던 것은 바로 라디오 방송이었다. 포위된 도시에서 프로그램을 따로 만들 여유가 있었을 리는 없고, 그저 라디오로 푸슈킨의 시를 낭송했을 뿐이라고 한다. 배고픔과 죽음의 공포 속에서 무너진 폐허의 빈틈에 몸을 숨기고 라디오로 흘러나오는 푸슈킨의 시를 듣는 것…….

대규모 공습으로 초토화된 채 포위된 바그다드를 바라보며 비슷한 생각이 들었다. 한 명의 권력자 때문에 목숨을 걸고 방어해야 하는 도시. 그 도시를 포위하여 공격하는 제국주의 침략자들. 폭격으로 파괴되는 도시, 불타오르는 시가. 수도가 끊기고, 전기가 끊기고, 다리가 끊기고, 식량과 약품도 끊긴 채 해방자라는 이름의 적에게 포위된 도시에서 죽음의 공포에 시달려야 하는 이라크 사람들. 폐허로 변한 수도의 방공호 속에 몸을 숨긴 채 공포에 떠는 이들에게는 누구의 '시'를 들려주어야 할까?

바그다드

후세인의 서재에 들어가본 어느 기자는 그의 책장에는 오로지 스탈린에 관한 책만 꽂혀 있었다고 전한다. 스탈린이 아마도 그의 인생의 모범이었던 모양이다. 어쨌든 그의 통치는 실제로 스탈린의 것과 비슷했고, 그러다가 스탈린과 같은 처지에 놓이게 되었다. 스탈린그라드는 러시아 인민의 어깨에서 공산주의의 멍에를 벗겨주러 왔다는 히틀러의 군대에 포위됐고, 바그다드는 사담에게 억눌린 이라크 민중에게 자유를 주러 왔다는 부시의 군대에게 포위되었다. 침공하는 부시와 침공당하는 후세인, 어느 편이 옳은가? 침략하는 히틀러와 침략당하는 스탈린, 정의는 어느 편에 있을까? 침략당한 독재자와 침략하는 제국주의자, 우리는 누구의 편을 들어야 할까? 이라크 민중의 해방자는 누구일까?

바그다드가 포위되었을 때 솔직히 마음이 혼란스러웠다. 이번 전쟁은 분명히 침략전쟁이다. 그러므로 이라크 군은 기필코 바그다드를 방어해내야 한다. 하지만 어차피 이길 수 없는 전쟁, 그렇다면 빨리 항복하고 끝내는 게 그나마 무의미한 희생을 막는 길이 아닌가. 게다가 미군이 바그다드를 포위했을 때, 언론에서는 바그다드 시가전이 스탈린그라드의 재판이 될 수도 있다고 떠들고 있었다. 실제로 그렇게 될 가능성도 얼마든지 있었다. 후세인의 군대가 기적적으로 바그다드를 방어해낸다 하더라도, 거기엔 엄청난 인명 피해가 따르리라는 것은 자명한 사실이 아닌가? 그런데 과연 그 승리가 거기서 죽어갈 수많은 사람들의 목숨을 주고 살 값어치가 있는 것일까?

주위의 분위기를 보니 대개 민족주의 성향의 네티즌들은 자신을 후세인의 군대와 심리적으로 동일시하고 있었다. 그들은 이번 전쟁을 일종의 '민족해방전쟁'으로 보는 듯했다.

그들은 이라크의 정규군과 민병대와 바그다드 시민들이 제국주의 침략자들에 대항하여 영웅적으로 투쟁해주기를 바라는 눈치였다. 그들에게 사담 후세인이 이라크 내부의 갈등을 폭력으로 봉합해온 독재자라는 사실은 부차 문제로 보이는 모양이다. 하지만 민족의 자주성보다 시민들 개개인의 자유라는 면에서 보면, 사실 바그다드를 방어해서 무엇하겠는가? 기껏 후세인의 독재를 연장하는 결과만 가져올 뿐. 왜 거기에 시민들이 목숨을 걸어야 하는가?

옥쇄는 없었다. 바그다드는 싱겁게 함락되었다. 미군은 이렇다 할 저항 없이 도심에 진주했고, 수만 명에 달한다는 공화국 수비대는 자취도 없이 사라져버렸다. 민간인 틈에 섞여 게릴라전을 펼 것으로 예상되었던 페다인 민병대도 활동하지 않았고, 공보장관이 공언했던 자살특공대의 공격도 없었다. 바그다드 시민들도 별 저항 없이 침략자들을 수도로 맞아들였다. 시민들은 침략자와 싸우는 대신 은행을 털고, 공관을 습격하고, 박물관을 약탈하기에 바빴다. 어떻게 이럴 수가 있

푸케(Jean Fouquet), 〈예리코의 나팔〉, 1450
"이에 백성은 외치고 제사장들은 나팔을 불매 백성이 나팔소리를 듣는 동시에 크게 소리질러 외치니 성벽이 무너져내린지라……" (여호수아 6 : 20) 이스라엘 백성이 7일 동안 나팔을 불며 성 주위를 돌다가 모두 힘차게 외치자, 굳게 닫혔던 예리코의 성벽이 무너져내렸다.

을까? 이라크 군의 지휘체계가 무너져내려 체계적인 저항이 불가능했기 때문이기도 하지만, 더 큰 이유는 아마도 시민들이 후세인 정권을 사수할 가치가 없다고 판단한 데에 있을 것이다.

해방자

"나를 구원하소서, 주여, 영원한 죽음으로부터. 그 무서운 날, 하늘과 땅이 진동하고 당신이 세상을 불로 심판하러 오시는 그날에." 영원한 죽음으로부터 나를 구원할 자는 누구인가? 하필 하늘과 땅을 진동하게 하고, 불로 심판하시는 그분이다. 바그다드의 해방자는 누구인가? 역시 하늘과 땅을 진동하게 하고, 그 도시에 불의 심판을 내린 그분들이어야 한다. 그래서 미군은 자신들을 '이라크에 자유'를 가져다주는 바그다드의 해방자로 연출했다. 정말로 미군이 그들이 자처하는 대로 이라크 민중의 해방자일까? 그럴 리 없다. 하지만 이 침략자들로 하여금 해방자 행세를 하게 만들어준 요인들이 있다. 그 요인은 후세인이 마련해준 것이다. 그런 의미에서 미군을 졸지에 해방자로 축성한 자는 후세인 자신이라 할 수 있다.

실제로 미군은 일부 이라크인들을 해방했다. 북부의 쿠르드족은 미군을 환영했고, 남부의 시아파들도 미군이 가져다준 자유를 굳이 마다할 이유가 없다. 게다가 이라크에는 사담에게 탄압받은 반체제 인사들과 세력이 존재한다. 이 모든 내적 갈등을 후세인은 그동안 폭력으로 봉합해왔다. 게다가 미군은 이라크인들을 마침내 전쟁의 공포에서 해방했고, 이라크의 엄청난 대외 채무와 수많은 목숨을 앗아간 경제제재로부터 그들을 해방할 예정이다. 전쟁과 채무와 경제제재 역시 사담 후세인의 오판이 이라크 민중의 어깨에 지운 짐이다. 이렇게 정치적 균열의 골은 정권과 전체 민중 사이에도 깊게 파여 있었던 것이다. 이 역시 후세인은 강제로 덮어버렸다. 존재하면서도 보이지 않았던 이 내적 갈등과 균열, 이것이 겉으로 꽤 견고해보였던 후세인 정권을 힘없이 무너지게 한 것이다.

후세인이 오류를 범한 그만큼 미군은 해방자 행세를 할 수 있다. 하지만 그것이 그리 오래갈 것 같지는 않다. 이라크 사람들은 미군을 '해방자'로 대접해주지 않고 있다. 벌써부터 반미시위가 벌어지고, 미군 철수 구호가 튀어나오고 있다. 수니파는 당연히 미국에 적대적일 수밖에 없고, 자유를 얻은 시아파 역시 사담만큼이나 미국을 싫어하는 눈치다. 북부의 쿠르드족 역시 독립의 기쁨에 들뜨기에는 아직 이르다. 설사 일부에게 자유를 주었을지라도 후세인 정권이 존재하지 않는 이상, 이제 미군은 그저 점령군일 뿐이다. 게다가 미군은 하릴없는 해방자 놀이를 멈추고 본격적으로 전쟁을 일으킨 진지한 목적을 챙겨야 할 처지다. 그런데 이 목적은 불행히도 이라크 민족의 이해와는 상충한다.

그런 의미에서 싸울 만한 가치가 있는 진짜 전쟁은 이제 겨우 시작되었다고 할 수 있다. 바그다드가 사수할 가치가 없었던 것은 이 때문이다. 무엇 하러 목숨을 버리는가? 후세인은 제국주의의 침략에 맞서 해방투쟁을 수행하기에는 적합하지 않은 인물이다. 그를 위해 바그다드 전체가 옥쇄할 필요는 없다. 그가 가진 것은 오로지 무력뿐이나, 무력은 더 큰 무력 앞에서 무력한 법. 이는 물리학적 확실성을 갖는 진리다. 하지만 오로지 무력만 갖고 있기는 미국도 마찬가지다. 그들은 그 무력으로써 꼭두각시 정권을 수립하고, 그것을 통해 이권을 챙기려 할 것이다. 그들이 내세운 명분과 그들이 추구하는 이권 사이의 괴리. 이 틈을 영원히 무력으로 메울 수는 없는 것이다.

군사적인 것과 정치적인 것

이라크 민족의 해방자는 누구인가? '이라크에 자유'를 주러 왔다는 미군인가? 참전한 아들의 국제전화를 받은 한 미국의 어머니는 감격한 목소리로 이렇게 말했다. "애야, 네가 위대한 일을 해냈구나. 네가 이라크 사람들에게 자유를 주었구나." 하지만 이렇게 부시 정권의 정치선전을 곧이곧대로 믿는 이들은, 유치한 애국 언론에 홀딱 속아 사는 불쌍한 미국인들밖에 없을 게다. 평균 지능을 가진 이들이라면 미국이 이번 전쟁을 일으킨 속셈이 어디에 있는지 알고 있다. 그렇다면 누가 해방자인가? 후세인인가? 그가 제국주의자들의 침략으로부터 제 민족을 해방하려 한 전사인가? 그럴 리 없을 게다. 종전 후에 공개된 그의 가족의 호화스런 궁전과 별장 그리고 학살된 정치범의 무덤은 그 역시 억압자임을 말없이 증언하고 있다.

어느 전쟁에 의미가 있겠냐마는, 이번 전쟁은 특히 무의미했다. 공격을 하는 미군도 명분이 없고, 방어를 하는 후세인 정권도 정의롭지 못했다. 이런 전쟁의 성패는 정확하게 화력의 차이라는 물리법칙에 따라 결정되기 마련이고, 또 실제로 그랬다. 바그다드 시민들은 저항하지 않았다. 반면 미국에 패배를 안겨준 베트남 전쟁을 보자. 월맹군과 베트콩은 정치적인 것을 군사적인 것 위에 올려놓았다. 민심은 전적으로 이들 편에 있었고, 이를 바탕으로 이들은 전선을 지우고 도처에서 성공적으로 게릴라전을 수행할 수 있었다. 이 정치적 우위를 바탕으로 해서 그들은 원시적인 무기로 미국의 첨단무기와 압도한 화력을 무용지물로 만들어버렸다. 하지만 그런 일은 이라크에서는 벌어지지 않았다. 후세인 정권이 정의의 편에 서 있지 않았기 때문이다.

이라크 민중이 내전을 일으켜 미군정과 친미정권에 대항해 게릴라전을 벌일 필요는 없다. '군사적 우위'에 맞설 수 있는 유일한 무기는 '정치적 우위'뿐이고, 그것만 확보되면 총 한 자루 없이도 미국의 제국주의 야심에 성공적으로 맞설 수 있다는 얘기다. '이라크의 자유'가 실현된 지금, 들려오는 것은 외려 '미군 철수'를 외치는 반미시위 소식뿐이다. 미국이 내세운 찰라비라는 인물에 반대하여 반미시위를 주도하고 있는 것은 미군이 해방할 대상으로 생각했던 바로 그 시아파 국민들이라고 한다. 지금 명분은 그들에게 있고, 때문에 이들의 '미군 철수' 외침에 미국은 매우 당혹해하는 모양이다. 미국은 이번 반미시위의 배후에 이란이 있다고 엉뚱한 트집을 잡고 나섰다. 앞으로 이들이 이라크인들의 정당한 요구를 어떤 명분으로 탄압할지 보여주는 전조라 할 수 있다.

이라크에는 아마도 친미정권이 들어설 것이다. 미국의 이권과 이라크 민족의 이해가 서로 상충하는 그만큼, 거기에는 분명히 저항이 존재할 것이고, 미국의 이권을 보장할 사명을 띤 그 정권은 탄압을 통해서든 회유를 통해서든 그 저항을 무력화하려 할 것이다. 저항은 이미 시작된 것으로 보인다. 이라크인들이 친미정권을 세우기 위한 미국의 공작정치를 어떻게 극복해나갈지는 알 수 없다. 한 가지 확실한 것은 그 친미정권을, 이라크 민중의 이익을 대변하는 정권으로 바꾸어내는 싸움이야말로 본격적인 이라크전이라는 것이다. 시민들 개개인의 자유와 인권을 보장하며, 이라크 민족의 이익과 통합을 보장하며, 소수를 억압하지 않고 다양한 종파와 정파들의 갈등을 평화적으로 해결할 능력을 갖춘 민주정권을 세우는 것. 그것이 제국주의의 약한 고리를 끊는 길이다.

'이라크에 자유'를 가져다줄 자는 누구인가? 미군인가? 그럴 리 없다. 이라크는 이제 그들로부터도 해방되어야 하기 때문이다. 사막에 모래폭풍을 일으키는 알라인가? 그렇지 않다. 그는 너무 위대한 분이어서 유치하게 미군과 대신 싸워주지는 않기 때문이다. 이라크의 해방자는 이라크인들 자신이다. 물론 그들은 미국과 벌인 전쟁에서 패했다. 하지만 실망할 필요는 없다. 그 패배는 그들의 것이 아니라 후세인의 것이기 때문이다. 후세인의 패배는 군사적 패배가 아니라 정치적 패배였다. 그런 의미에서 '이라크의 자유'를 위한 진정한 의미의 해방전쟁은 이제야 시작되었다고 할 수 있다. 이 정치적 싸움이야말로 어떤 의미에서는 군사적 전쟁보다 더 길고, 더 어렵고, 더 복잡하고, 더 치열한 싸움이 될 것이다. 그리고 이는 싸움의 다른 쪽 당사자인 미국에게는 더욱 더 그러할 것이다.

예리코 성

미군은 바그다드에 입성했다. 그리고 그 안에 포위됐다. 군사적 싸움의 시기는 지나고, 이제 그들 앞에는 지루한 정치적 싸움이 기다리고 있다. 군사력으로는 압도한 우위를 자랑해도, 사담이 사라진 이상 그들의 정치적 우위를 보장해주는 것은 아무것도 없다. 그런데 이제부터 그들이 해야 할 싸움은 불행히도 군사적인 것이 아니라 정치적 성격의 것이다. 그들을 환영하는 이는 아무도 없다. 이런 상황에서 그들이 정치적으로 승리하는 유일한 길은 깨끗이 패배하는 것, 즉 이라크의 미래를 이라크인들의 손에 맡기고 조용히 그땅을 떠나는 것뿐이다. 하지만 그럴 수는 없을 게다. 때문에 그 정치적 열세를 군사적 우위로 상쇄하면서 그들은 계속 그곳에 머무르려 할 것이다.

미군은 이제 바그다드 수성에 들어갔다. 세계 최강의 군대와 최첨단무기로 무장한 채 그들은 이권의 성문을 굳게 걸어잠그고 장기농성에 들어갔다. 그들은 그렇게 그 안에 자신을 가둬버렸다. 성문 안의 백성들에게 그들은 결코 환영받지 못한다. 성문 밖에서는 전쟁과 제국주의에 반대하는 목소리가 점점 높아가고 있다. 전쟁이 시작된 이후 전세계의 수많은 시민이 거리로 몰려나와 반전과 평화를 외쳤다. 단 하루에 1,500만이 모이기도 했다. 일찍이 없었던 일이다. 미국은 이렇게 서서히 세계 시민들 사이에서 고립돼가고 있다. 바그다드는 또다시 포위되었다.

그 어떤 무기도 그 어떤 군대도 미군이 지키는 그 성의 견고한 벽을 무너뜨리지는 못할 것이다. 하지만 소총 대신 촛불을 들고, 수류탄 대신 장미꽃을 꽂고, 폭탄 대신 의약품을 보내는 시민들의 평화시위 앞에서는 그 견고한 요새의 성벽도 언젠가 힘없이 무너져내릴 것이다. 예리코 성을 무너져내리게 한 것은 노랫소리였다. 미군이 지키는 제국의 아성을 무너뜨리는 것 역시 요란한 포성이나 찢어지는 총성이 아니라 고요한 반전평화의 노랫소리다. 사악한 자들이 날뛰는 시대에 야훼든 알라든 만약 신이 존재한다면, 그는 아마 이런 식으로 역사(役事)할 것이다.

8장 전쟁과 평화

전쟁 레퀴엠(War Requiem)

My subject is War,
and the pity of War.
The poetry is in the Pity.
All a poet can do today is to warn.

나의 주제는 전쟁이며,
전쟁의 비애다.
시는 비극의 안식과 그 비애를
함께 느끼는 데서 탄생한다.
오늘날 모든 시인이 할 수 있는 일이란
경고하는 일이다.

CJK

전쟁과 평화

언젠가 〈후쿠세쓰(腹切)〉라는 일본 영화를 본 적 있다. 내가 본 일본 영화 중에서 가장 뛰어난 작품인데, 듣자 하니 1950년대에 칸 영화제에서 대상을 받았다고 한다. 시간 배경이 언제인지는 모르겠다. 어쨌든 오랜 전쟁이 끝나고 일본 전역에 평화가 찾아온 시대였다. 사무라이에게 전쟁보다 더 괴로운 것이 평화다. 전쟁을 위해 존재했던 그들에게 전쟁의 종언은 곧 세상에 더 이상 존재할 이유가 없어지는 사건이었다. 또한 생업에 종사하는 하층민들에게 존경받을 계기가 없어지는 사건이기도 했다. 나아가 그것은 정체성에 관한 철학문제일 뿐 아니라 동시에 절실한 경제문제이기도 했다. 전쟁의 시대가 막을 내리면서 쓸모 없어진 사무라이들이 제일 먼저 구조조정을 당했기 때문이다.

영화는 한 젊은 사무라이가 어느 쇼군의 저택을 찾아가는 장면으로 시작한다. 갓 스물을 넘긴 젊은이는 정원에 무릎을 꿇고 앉아 할복을 할 터이니 쇼군을 뵙게 해달라고 청한다. 물론 그가 실제로 배를 가를 생각이 있었던 것은 아니다. 그저 일자리를 잃은 사무라이들이 쇼군을 찾아가 할복하겠다고 하면 몇 푼 던져주며 되돌려보낸다는 소리를 주워들었던 것이다. 그의 아내는 병들어 누워 있고, 몰락한 사무라이 집안에 그가 내다 팔 물건도 이제는 남아 있지 않은 터였다. '왜 할복을 하려고 하느냐'고 묻자, 젊은이는 역시 주워들은 상투어를 늘어놓는다. "전쟁 없는 평화의 시대가 지루해서 못 살겠소."

소식을 기다리는 그에게 드디어 쇼군이 그를 직접 만나주기로 했다는 전갈이 내려온다. 젊은이는 뛸 듯이 기뻐한다. 하지만 그 기쁨도 잠시, 그가 있는 방 안으로 하얀 천이 씌워진 소반이 들어온다. 젊은이의 기개를 높이 산 쇼군이 할복의 예식을 친히 주재하겠다는 것이다. 일이 엉뚱하게 돌아가자 젊은이는 크게 당황하나, 이미 때는 늦었다. 그들은 젊은이를 마당으로 끌고나와 강제로 무릎을 꿇려 앉힌다. 잠시 후 드디어 쇼군이 나타나 마루 위의 커다란 의자에 앉는다. "너 같은 것들이 한둘이 아니다. 타락한 사무라이들의 버릇을 고쳐주기 위해서라도 이번에는 정말 할복을 내 눈으로 봐야겠다."

쇼군의 말은 이어진다. 언제부터인가 사무라이의 기강이

무너져 할복을 할 때 칼이 배에 닿기만 하면 바로 목을 내리치곤 한다. 옛날의 사무라이들은 그렇게 하지 않았다. 그들은 칼로 배를 가르고 내장을 꺼내놓은 다음에야 비로소 자기 목을 베도록 했다. 무너진 무사도를 다시 세우기 위해 이번에는 약식이 아니라 제대로, 정식으로, 옛날식으로 하자. 궁지에 몰린 젊은이는 용서를 빌며 보내달라고 사정하나, 쇼군은 이를 냉정하게 거절하고 어서 칼을 뽑으라고 재촉한다. 마지못해 젊은이가 허리춤에 찬 칼을 뽑아든다. 병든 아내를 둔 가난한 사무라이, 칼이라고 변변하겠는가. 진짜 칼은 내다판 지 오래고, 칼집에 든 것은 대나무칼이었다.

권태

"전쟁 없는 평화가 지루해서 못 살겠소." 비슷한 대사를 어디선가 실제로 들은 것 같다. 미시마 유키오(三島由紀夫, 1925~1970)였을 게다. 언젠가 그는 전후 일본 사회에 사는 '권태(ennui)'에 대해 얘기했다. 그의 할복 퍼포먼스는 아마도 이 지루함과 관련이 있을 것이다. 당시의 일본 사회는 이미 미국식 자유주의 정치에, 고도로 발달한 자본주의 경제에, 서구식 개인주의 문화 위에 서 있었다. 자본주의는 원자화한 개인이 이기적으로 행동하는 합리적인 사회로, 사랑과 무용(武勇)의 봉건 기사 문화를 돈 키호테의 형상으로 만들어 역사의 뒤안길로 떠나보냈다. 연인이든 조국이든 신이든, 사랑하는 님을 위해 목숨을 바칠 기회가 없는 산문(散文)의 사회. 그 속에서 그는 삶의 의미를 찾지 못하고 권태를 느꼈던 모양이다. 하지만 미시마의 할복 퍼포먼스는 한갓 개인의 엽기 취향에 불과한 것이 아니다.

몇 년 전에 고바야시 요시노리라는 만화가가 일본에서 《전쟁론》이라는 책을 펴냈다. 이 책 역시 참을 수 없는 평화의 지루함에 관한 이야기로 시작한다. 그 뒤로 개인주의적 삶의 무가치함에 관한 이야기가 이어진다. 어느새 일본에서는 '공(公)'의 개념이 사라지고 '사(私)'만이 남았다. 하지만 인간은 그저 이기적인 존재만은 아니어서 가족이나 연인, 조국을 위해서 목숨을 버릴 줄도 안다. 그럴 때에 인간은 진정한 인간이 될 수 있다. 그런데 오늘날 일본 사회에는 '공'을 위해 '사'를 죽이는 미덕이 존재하지 않는다. 조국을 위한 전쟁은 진정한 인간이 될 기회를 제공해주나, 일본인은 어느새 전쟁을 두려워하는 겁쟁이가 되었다는 것이다. 이렇게 평화의 지루함을 못 참는 사람들이 있다. 미시마의 할복은 일본 사회의 저변에 흐르는 이 집단 폭력성의 미학 표현으로 봐야 한다.

정신분석학자 빌헬름 라이히는 파시즘의 폭력성을 대중의 성 에너지와 연결시킨 적이 있다. 어쩌면 그럴지도 모른다. 미시마의 사진 중에 인상 깊은 것이 두 개 있다. 하나는 일장기가 그려진 머리띠를 두르고, 근육질의 상체를 드러낸 채 날선 일본도(日本刀)를 들고 있는 사진이다. 다른 하나는 성 세

바스티아누스가 되어 벌거벗은 채 화살을 맞아 순교하는 모습을 연출한 사진이다. 첫 번째 작품이 사디스트적이라면, 두 번째 사진은 마조히스트적이다. 그의 내면에는 사디즘과 마조히즘이라는 대립되는 두 가지 욕망이 공존하고 있었던 모양이다. 이 두 가지 욕망을 동시에 충족하는 방법이 바로 할복 자살이 아니었을까? 제 손으로 자기 배를 가르는 할복 속에서 사디즘과 마조히즘은 완벽하게 하나로 결합하니까……

1970년 11월 25일 미시마 유키오는 자신을 따르던 동료들과 함께 도쿄에 있는 자위대 총감부에 난입한다. 총감을 인질로 잡은 후 그는 연병장에 모인 자위대 병사들을 향해 민족정신, 군인의 이상, 시대의 퇴폐 등을 논하며 평화헌법의 개정 필요성을 역설한다. 하지만 그의 이 비장한 호소에 자위대 병사들은 감동하기는커녕 외려 야유와 조롱을 퍼부어 댔다. 크게 실망한 그는 총감실로 들어와 무릎을 꿇고, 칼을 왼쪽 옆구리에 댔다. 마지막으로 "천황 폐하 만세"를 크게 세 번 외치고, 단도를 쥔 양 손으로 힘껏 배를 찌른 후 오른쪽 겨드랑이 쪽으로 칼을 밀어나갔다. 순간, 그의 뒤에서 일본도를 쳐들고 있던 동료가 그의 목을 향해 힘껏 칼을 내리쳤다.

전사와 신사

인간의 본성이 원래 평화를 사랑하게 돼 있다는 루소의 말은 틀린 것 같다. 인간에게는 또한 폭력의 본성이 있기 때문이다. 그렇다고 홉스의 말대로 모든 인간이 전쟁을 사랑하는 늑대인 것 같지도 않다. 인간에게는 또한 평화를 바라는 강한 욕망이 있기 때문이다. 아니, '인간의 본성'이라는 게 과연 존재하는 것일까? 혹시 영원불변한 하나의 본성은 존재하지 않고, 다만 역사 속에서 다양하게 만들어지는 본성 '들'이 있는 것은 아닐까? 가령 독일의 역사학자 엘리아스는 중세인과 근대인이 서로 다른 인성 구조를 갖고 있음을 지적했다. 그의 말에 따르면, 중세인의 인성이 즉흥적이고 호전적이라면, 근대인의 인성은 계산적이고 합리적이다.

근대사회에서 개인의 폭력 행사는 금지된다. 사형(私刑)이나 복수할 권리는 인정되지 않는다. 폭력의 권리는 국가에 위임되고, 국가의 폭력 행사는 법의 통제 아래 놓인다. 이제 개인과 개인, 집단과 집단 사이의 갈등은 사법체계를 통해 평화로운 방법으로 해결된다. 개인의 폭력적 잠재력은 교육과 제도를 통해 최소한으로 억제된다. 단순 무식한 중세의 전사(戰士)는 교양과 매너를 갖춘 신사(紳士)가 된다. 전사를 움직이는 것이 명예라면, 신사를 움직이는 것은 이익이다. 이런 이기적인 신사들이 만든 사회에 사는 낭만적인 전사들은 당연히 권태를 느낄 수밖에 없다. 전사들은 자신의 폭력성을 마음껏 발산하고 싶으나, 그 욕망은 사회에 의해 엄격히 통제된다. 이 검열을 피해서 억눌린 폭력의 욕망을 승화하는 방법은 없을까?

그 방법이 있다. 즉 국가가 승인하는 폭력을 통해 개인의 공격 본능을 맘껏 발산하는 것이다. 국가가 승인하는 폭력. 그것이 바로 전쟁이다. 전쟁 속에서라면 야수 같은 공격성도 범죄의 기질로 비난받지 않는다. 외려 사적으로는 남성다운 아름다움으로, 공적으로는 애국주의와 영웅주의의 미덕으로 칭송받는다. 미시마가 "우익의 남성미" 운운하며 느닷없이 웃통을 드러내고 시퍼렇게 날이 선 칼을 들고 근육 자랑하던 것을 생각해보라. 미시마와 고바야시가 산업사회의 권태를 말하며, 전쟁을 논하는 것은 이 때문이다. 이게 어디 일본만의 일인가? 우리 정부가 파병을 결정하자, 모 전우회에서 자기들도 덩달아 참전하겠다며 누렇고 뻘건 해프닝을 벌였다. 원시 본능을 승화하고, 억눌린 성 에너지를 방출할 절호의 기회를 만난 것이다.

산업사회에서 사무라이의 존재 미학을 얘기하는 미시마. 그의 인성은 일종의 시대착오를 구현하고 있었다. 그가 목숨을 걸고 연출한 드라마 속에서 정작 배우들은 연출자의 의도를 따라주지 않았다. 각본에 따르면 연병장에 모인 자위대 병사들은 그의 비장한 연설에 감동을 받아야 한다. 하지만 미시마가 봉건 기사문학 속에 사는 동안, 자위대 병사들은 그 서사시 밖에서 산문의 삶을 살고 있었다. 그들은 이미 미시마와는 다른 인성을 갖고 있었다. 그들의 근대적 인성에 미시마의 비장한 드라마는 그저 우습게 보일 뿐이었다. 근대 문화의 산

다비드, 〈사빈의 여인들〉, 1799
로마인들이 사빈의 여인들을 유괴했다. 그 보복으로 사빈 사람들은 오랜 망설임 끝에 로마를 침공하기로 한다. 이들이 즉각 보복에 나설 수 없었던 이유는 사빈의 지도자 타티우스의 딸이 로마의 왕 로물루스와 결혼하여 이미 두 아들을 낳은 상태였기 때문이다. 사빈 사람들이 로마를 침공

하자, 로마인과 결혼한 사빈의 여인들이 나섰다. 그림 중앙을 차지하는 여인이 타티우스의 딸이자 로물루스의 아내인 헤르실리아. 그는 아버지와 남편의 중간에 서서 두 팔로 양편을 자제시키고 있다.

문성을 비판하던 미시마의 탈근대는 재판(再版) 봉건제로 드러났다. 병사들의 조롱과 멸시를 받으며 그는 졸지에 일본의 돈 키호테가 돼버렸다.

이해관계

중세에만 해도 영주의 호전성, 복수심, 명예욕 따위가 전쟁을 일으키는 계기가 되곤 했다. 하지만 오늘날 그런 열정적이고 즉흥적이고 호전적인 인성은 사회의 정치의식이 후진한, 낮은 계층에서나 찾아볼 수 있게 되었다. 준(準)군사조직으로 편제된 일본 우익단체 회원들의 상당수는 동시에 야쿠자 조직원이다. 그들이 폭력을 사적으로 발산할 때는 범죄자이나, 공적으로 발산할 때는 애국자가 된다. 근대적인 인성 발달에서 낙오된 자들은 공격성을 버리지 못하고 국가주의 속에서 그 폭력성을 사회적으로 인정받기를 갈구하는 것이다. 하지만 이런 사람들은 소수에 불과하므로, 오늘날 전쟁의 원인을 인간의 공격성이나 폭력성에 돌릴 수는 없다.

문명화 과정을 통해 근대인은 내면의 폭력성과 공격성을 다스리는 데에 성공했다. 하지만 여전히 전쟁을 바라는 사람들이 있다. 왜 그럴까? 낭만시대에는 전쟁의 원인도 다분히 운문성을 가졌다. 하지만 사회가 산문화한 시대에는 전쟁 역시 산문적 원인을 갖는다. 호전적이고 다혈질적인 중세의 전사형 인간이 냉정하고 합리적인 근대인으로 변하는 과정에서, 인간이 가졌던 그 모든 열정과 정념은 억제되고 그 중 단 하나만 남게 된다. 흔히 '이해관계(interest)'라 부르는 물질에 대한 소유욕. 자본주의적 근대인을 추동하는 유일한 원동력은 바로 이 이해관계다. 때문에 오늘날 사람들이 여전히 전쟁을 바란다면, 그 유일한 근거는 바로 이해관계일 게다.

미국은 이 전쟁에 '이라크의 자유'라는 시적인 이름을 붙였다. 하지만 그들이 이라크에 자유를 주려고 전쟁을 일으켰다고 믿는 사람은 아무도 없다. 누구나 알다시피 이번 전쟁의 원인은 이 지역에 걸린 미국의 이해관계다. 오늘날 전쟁은 이렇게 산문적인 원인을 갖는다. 우리나라가 파병하는 것도 다르지 않다. 명분 없는 파병의 유일한 명분은 '국익(national interest)'이다. 호모 에코노미쿠스(경제인)에게 이보다 더 강한 설득력을 갖는 논증은 없다. '이익'이라는 말 앞에서 우리의 인성은 전쟁도 받아들일 준비를 한다. 이것이 봉건의 야만성을 대신해 들어선 근대의 야만성이다.

과거의 정치는 공동선을 실현하는 행위였다. 근대에 들어오면 그것이 점차 여러 계급, 계층의 이해관계를 조정하는 행위로 여겨지기 시작한다. 전쟁도 마찬가지다. 전쟁은 공동선의 실현이 아니라, 여러 국가 또는 민족의 이해관계를 조정하는 행위가 된다. 〈전쟁론〉을 쓴 클라우제비츠에 따르면 "전쟁이란 다른 수단을 이용한 정치의 연장"이다. '연장'이라는 표현 속에서 정치와 전쟁 사이의 질적 차이는 간단히 지워진다. 전쟁은 정치행위의 정상적인 형태, 이해관계 조정의 정당한 방식으로 간주된다. 정치와 전쟁 사이에 다른 게 있다면 '수단'의 차이에 있을 뿐이다. 이 냉혹한 시각이 미시마나 고바야시류(流)의 뜨거운 전쟁론과 구별되는 근대의 차가운 전쟁론이다.

이 때문일까? 제 나라 군대를 명분 없는 침략전쟁에 용병으로 내보낸 사회의 가장 막강한 논증도 '국익'이었다. 이런 사회에서 그 시각의 냉혹함은 외려 미덕으로 상찬되고, 전쟁을 논하는 데에 '이해관계' 이외의 윤리적 요소를 도입하는 것은 현실을 모르는 바보짓이나 전근대적인 낭만주의로 폄하된다. 오늘날의 합리주의는 이렇게 비합리적인 것이 되어버렸다. '국가이성은 도덕을 모른다.' 도덕을 모르는 이성. 하긴, 도덕을 모르는 게 어디 국가이성뿐인가? 그렇게 말하는 사람도 아마 도덕을 모르고 있을 것이다. 그런 사람들이 모여 사는 국가의 이성은 자연스레 도덕도 모르게 되는 것이다. 그들의 이상향은 제2차 세계대전 당시 아우슈비츠에서 이미 실현된 바 있다.

영구 평화론

적어도 오늘날 전쟁 자체가 좋다고 말하는 사람은 거의 없다. 대부분 전쟁은 사악하지만 불가피한 것이라 말한다. 그나마 전쟁 자체가 나쁘다고 말하게 된 것이 근대라는 시대의 성취다. 에라스무스 이전에는 전쟁 자체를 나쁘다고 말하는 어법 자체가 없었다. 전쟁은 늘 신성한 것이었다. 물론 근대에 들어와서도 우세한 것은 여전히 '정당 전쟁론'이었다. 한마디로 전쟁도 어떤 선한 목적을 위한 정당한 수단일 수 있다는 것이다. 마르크스주의조차 '불의의 전쟁'과 '정의의 전쟁'을 구별하며, 후자를 긍정한다. 사회주의 조국전쟁, 식민지배에 저항하는 민족해방전쟁, 억압받는 민중의 혁명유격전 등은 '정의로운 전쟁'이라는 것이다.

전쟁도 때로 선할 수 있을까? 알 수 없다. 어쨌든 이 질문에 '아니'라고 대답하는 것을 '평화주의'라 부른다. 평화주의 사상은 특히 계몽주의 시대에 널리 논의되었다. 이 시기의 특징은 공화정을 평화의 전제조건으로 든다는 데에 있다. 가령 칸트는 국가들 사이에 평화가 이루어지려면 모든 나라의 정체가 공화정이어야 한다고 믿었다. 당시만 해도 군주가 종종 개인의 이익이나 야심 때문에 전쟁을 일으키곤 했기에, 민주주의만이 군주의 이런 결정을 막을 수 있다고 본 것이다. 전쟁으로 이득을 보는 것은 군주뿐이고, 대다수의 시민들은 피해만 입기 마련이므로, 시민이 권력을 쥔 곳에서는 쉽게 전쟁이 발생하지 않으리라는 것이다.

이번 전쟁을 보면 칸트의 생각이 얼마나 소박한지 알 수 있다. 미국의 공화주의는 대통령의 전쟁 결의를 막지 못했다. 공화정이 평화의 전제조건이라는 칸트의 주장은 외려 전쟁 명분으로 사용됐다. 미국은 이라크에 민주주의를 주기 위해 전쟁을 일으켰다고 주장한다. 칸트는 인간의 이성을 낙관했지만, 미국 시민은 정권과 언론의 선동에 너무 쉽게 속아 넘어갔다. 사실 20세기에 가장 많은 전쟁을 일으킨 나라는 미국이라는 자유주의 공화국이다. 영구 평화를 보장해줄 것으로 칸트가 기대했던 '여러 국가의 연방조직'도 제 기능을 발휘하지 못했다. 지금 국제법을 대변하는 것은 유엔이 아니라 미국이라는 호전 국가다. 미국이라는 공화국은 국제법 자체를 무용지물로 만들어버렸다.

칸트의 평화론은 현실의 기술(記述)로는 적합하지 않을지 모르나, 규범의 원리로서는 아직도 유효하다. 미국이 저렇게 쉽게 전쟁 결정을 내린 것은 명색이 공화정이나 실제로는 소수의 정치, 경제 엘리트들이 좌지우지하는 과두정으로 전락했기 때문이다. 개전 결정에 많은 시민들이 지지를 보낸 것은, 그 사회의 실천이성이 기술의 합리성에 비해 현저히 낙후했기 때문이다. 국가 내의 사적 폭력을 통제하게 된 근대사회가 전쟁에서 벗어나지 못하는 것은, 국가간의 갈등을 조정할 연방조직이 제구실을 못하기 때문이다. 미국은 이라크에 민주주의를 선사한다고 하나, 칸트는 어떤 국가도 타국의 체제와 통치에 폭력으로 간섭해서는 안 된다고 했다. 다른 나라의

'주권'을 침해하는 나라는 결국 그 나라 인민의 '인권'도 침해할 수밖에 없는 것. 이라크에 자유를 주러 간 미군은 지금 시위대에 무차별 발포를 하고 있다.

정치는 전쟁의 연장

'현실'만큼 막강한 설득력을 갖는 논증은 없다. 그 어떤 반전론도 미군이 이라크를 점령한 현실을 반박하지 못한다. '종전'이라는 현실은 반전시위를 일거에 침묵시켰다. 이렇게 '현실' 앞에서 '당위'는 늘 무력한 법이다. 칸트의 영구 평화론 역시 눈앞에 벌어진 전쟁 현실 앞에서는 너무나 무력해보인다. 하지만 그의 얘기가 그저 허무한 공상에 그치는 것은 아니다. 적어도 서유럽 국가들 사이에서는 칸트가 말한 '영구 평화'가 점차 실현돼가고 있다. 그 모든 혼란 속에서도 제3세계 국가들은 선진국과 격차를 줄이며 경제 발전과 민주화를 진척해나가고 있다. 세계인들은 발달한 교통과 통신에 힘입어 점점 더 국가간 혹은 문명간 상호소통의 가능성을 넓혀가고 있다. 이렇게 세계 차원의 영구 평화를 위한 물질과 정신의 토대는 서서히 무르익어가고 있다.

어느 프랑스 학자는 오늘날 세계는 "자유의 수호를 위해 미국의 특별한 활동을 필요로 하지는 않는다"고 말했다. 그의 말대로 "오늘날 전세계를 무겁게 짓누르고 있는 유일한 위협은 오직 미국 자체다." 오직 미국만이 세계를 무질서 상태로 보고 '만인에 대한 만인의 투쟁'을 벌이고 있다. 서서히 질서를 잡아가는 세계를 위협하는 유일한 무질서의 요인은, 세계의 질서를 잡겠다고 설치는 미국의 군사 간섭이다. 전쟁을 일으킨 자들은 지금 승리감에 도취하여 '군사의 성공'을 '정치 성공'으로 호도하고 있다. 그것으로 그들은 오직 자신만 속일 수 있을 뿐이다. 군사적으로 승리한 미국은 이미 정치적으로 패했다. 그들은 이라크에서 고립되었을 뿐 아니라 이미 전세계에서 고립돼가고 있다. 이번 전쟁에서 전세계인에게 '충격과 공포'를 준 것은, 자신을 자유의 수호자로 연출하던 미국이라는 나라의 적나라한 호전성이었다.

'문명충돌'을 노래하던 극성스런 우익(사무엘 헌팅턴)마저 미국의 일방주의를 "제국주의"라 비난하고 나섰다. '애국주의'를 얘기하던 어느 우익 철학자(찰스 테일러)도 미국의 애국주의 광기를 경고하고 나섰다. 미국의 시민들도 언젠가 자신들의 세금이 남의 나라에 퍼붓는 폭탄이 되는 것이 비합리하다는 것을 알게 될 것이다. 그들도 언젠가는 전쟁을 하는 데에 든 수백억 달러의 비용이 마땅히 제 나라의 수십 만 홈리스들을 위해 사용되는 게 낫다고 생각하게 될 것이다. 그들도 언젠가는 자기들의 세금으로 치러진 이 전쟁으로 얻어낸 '국익'이 실은 몇몇 석유 재벌과 군산복합체의 사익에 불과하다는 사실을 깨닫게 될 것이다. 아울러 그들도 머리가 있는 한 언젠가는 자신들이 정부와 언론의 선전에 철저하게 기만

당했음을 느끼게 될 것이다.

"주적은 제 나라 안에 있다." 베를린의 반전시위에서 본 어느 플래카드에 적힌 구절이다. 옳은 말이다. 평화의 적은 바깥에 있는 게 아니라 제 나라 안에 있다. 각자 제 나라 정부의 전쟁을 막는 것이 세계시민의 의무다. 적어도 민주주의 국가에서 전쟁을 결정하는 것은 시민의 태도에 달려 있다. 가령 시민의 대다수가 반대하자 스페인 정부도 결국 파병 계획을 철회해야 했다. 전쟁은 막을 수 있다. 문제는 평화주의 역량을 강화하여, 그것으로 국가가 저지르려는 전쟁에 대한 시민사회의 내성을 기르는 것뿐이다. 전쟁이 정치의 연장이라고? 그렇게 전쟁이 하고 싶은가? 그럼 제발 '정치'를 하라. 내가 다니던 베를린 자유대학의 화장실 벽에 누군가 이렇게 써놓았다. "정치는 다른 수단을 이용한 전쟁의 연장이다."

빌라도의 손
수사학이라는 게 있다. 헬레니즘 문명, 그러니까 그리스와 로마에서는 정치적 결정은 논쟁에 따라 이루어졌고, 법적 판결 역시 소송 당사자들의 논쟁의 결과에 따라 내려졌다. 때문에 당시엔 말 잘 하는 기술인 수사학이 모든 시민이 배워야 할 필수교양으로 통했다. 그렇다면 그 반대편의 헤브라이즘 문명에서는 '말하는 기술'에 대해 어떤 견해를 갖고 있었을까? 헤브라이즘에도 수사학의 전통이 있었는지 모르겠다. 어쨌든 신약성서에는 그리스 로마 헬레니즘의 수사학과 유대 헤브라이즘의 수사법이 충돌하는 장면이 등장한다. 바로 유대인들에게 고발을 당한 예수 그리스도가 로마의 총독 빌라도에게 심문을 받는 장면이다.

빌라도는 고대 수사학의 전통에 따라 유대인들이 그에게 뒤집어씌운 죄목을 나열한 후, 이어 피고인 예수에게 변론의 기회를 준다. 이 경우 피고인들은 대개 용서를 빌거나 자신을 변명하느라 혀가 바빠지기 마련. 하지만 예수라는 사내는 달랐다. 그는 빌라도가 제시한 게임의 규칙을 따르려 하지 않았다. 변론을 포기하고 아예 생사에 초연한 태도를 보인다. 그 모든 것을 신이 자신에게 건네준 쓴잔이라 생각한 모양이다. 한마디로 빌라도의 웅변적 수사학이 지극히 인간적이었다면, 예수의 침묵의 수사학은 완벽하게 신적이었던 것이다. 빌라도는 크게 당황한다. 그리하여 그를 가리켜 감탄하여 외치기를, "Ecce homo!(이 사람을 보라!)"

빌라도는 억울하다. 그는 예수에게 죄가 없음을 알고 있었다. 때문에 외려 예수를 돕고자 했다. 하지만 예수는 스스로 변론을 포기했고, 따라서 그로서도 더 이상 도울 길이 없었던 것이다. 예수를 유대인들에게 넘겨주면서 그는 물로 손을 씻었다. 그로써 그일과 더 이상 관계가 없고자 했던 것이다. 하지만 손에 묻힌 예수의 피를 물로 씻을 수는 없었던 모양이다. 오늘날 기독교에서 빌라도는 죄인으로 간주된다. "본티오 빌라도에게 고난을 받으사……." 전세계의 수억 기독교인들이 아직도 그를 예수에게 고난을 준 자로 기억한다. 아마도 죄가 없음을 알면서도 예수를 유대인들의 손에 넘긴 것은 인간에게 떠맡겨진 윤리적 의무를 저버리고, 예수의 살해에 사실상 가담한 것으로 간주한다는 의미리라.

사실 우리의 것은 빌라도보다 죄질이 더 나쁘다. 이라크인을 넘겨주는 데에 그치지 않고, 그 살해행위에 적극 가담했기 때문이다. 더 나쁜 것은 그짓을 하고도 빌라도처럼 대야에 손 씻는 시늉조차 하지 않는다는 것이다. 외려 전쟁이 끝나자 들리는 소리라고는 오직 이라크 복구사업에서 얼마나 많은 이권을 따낼 것인가 하는 얘기뿐. 그런데 정말 우리에게 이익이 떨어지기는 하는 걸까? 남이 흘린 피로 얻어낸 그 이익으로 앞으로 우리 배에 정말 자르르 기름기가 돌까? 예수를 못 박은 후, 그가 달린 십자가 밑에서 로마의 병정들은 그가 입었던 옷을 차지하기 위해 제비를 뽑았다. 성경의 이야기는 인류 사회에서 늘 벌어지는 어떤 사건들의 상징이자 원형인 모양이다.

현장의 말 못하는 사물이 끔찍한 범죄를 증언하듯이, 무고한 자가 흘린 피는 그 희생을 침묵하기에는 그 빛깔이 너무 진하다. 카인에게 살해된 아벨이 흘린 피는 땅 속에 스며들어

하느님을 불렀다. 하지만 카인의 귀에는 그 소리 없는 처절한 울부짖음이 들리지 않는 모양이다.

 오 주여, 그들을 죽인 우리 죄를 용서하시고, 땅 속에서 울부짖는 그들의 피에 영원한 안식을 주소서.

CJK

레퀴엠

지은이 | 진중권

1판 1쇄 발행일 2003년 5월 26일
1판 3쇄 발행일 2010년 1월 18일

발행인 | 김학원
편집인 | 선완규
경영인 | 이상용
기획 | 정미영 최세정 황서현 유소영 유은경 박태근 김은영 김서연
디자인 | 송법성
마케팅 | 하석진 김창규
저자·독자 서비스 | 조다영(humanist@humanistbooks.com)
조판 | 새일 기획
본문·표지 출력 | 이희수 com.
용지 | 화인페이퍼
인쇄 | 청아문화사
제본 | 경일제본

발행처 | (주)휴머니스트 출판그룹
출판등록 제313-2007-000007호(2007년 1월 5일)
주소 | 서울시 마포구 연남동 564-40호 121-869
전화 | 02-335-4422 팩스 | 02-334-3427
홈페이지 | www.humanistbooks.com

ⓒ 진중권, 2003

ISBN 978-89-89899-51-8 03100

만든 사람들

책임 기획 | 선완규(swk2001@humanistbooks.com)
책임 편집 | 유은하
책임 디자인 | 이준용 / 책임 그래픽 | 김준희
표지 사진 | 최항영(photodir@hanmail.net) / 저자 사진 | 이상엽